U0720003

清 張廷玉等撰

第二四册

卷二八一至卷二九一（傳）

中華書局

明史卷二百八十一

列傳第一百六十九

循吏

明太祖懲元季吏治縱弛，民生凋敝，重繩貪吏，置之嚴典。府州縣吏來朝，陛辭，諭曰：「天下新定，百姓財力俱困，如鳥初飛，木初植，勿拔其羽，勿撼其根。然惟廉者能約己而愛人，貪者必朘人以肥己，爾等戒之。」洪武五年下詔有司考課，首學校、農桑諸實政。日照知縣馬亮善督運，無課農興士效，立命黜之。一時守令畏法，潔己愛民，以當上指，吏治煥然丕變矣。下逮仁、宣，撫循休息，民人安樂，吏治澄清者百餘年。英、武之際，內外多故，而民心無土崩瓦解之虞者，亦由吏鮮貪殘，故禍亂易弭也。嘉、隆以後，資格既重甲科，縣令多以廉卓被徵，梯取臺省，而龔、黃之治，或未之覯焉。神宗末年，徵發頻仍，礦稅四出，海內騷然煩費，郡縣不克修舉厥職。而廟堂考課，一切以虛文從事，不復加意循良之選。

吏治既以日媮，民生由之益蹙。仁、宣之盛，邈乎不可復追，而太祖之法蔑如矣。重內輕外，實政不修，謂非在上者不加之意使然乎！

漢史丞相黃霸，唐史節度使韋丹皆入循吏傳中。今自守令超擢至公卿有勳德者，事皆別見，故採其終於庶僚，政績可紀者，作循吏傳。

陳灌　方克勤　吳履廖欽等　高斗南余彥誠等　史誠祖吳祥等

謝子襄黃信中　夏升　貝秉彝劉孟雍等　萬觀　葉宗人　王源

翟溥福　李信圭孫浩等　張宗璉　李驥王謍等　李湘　趙豫

趙登等　曾泉　范衷　周濟　范希正劉綱　段堅　陳鋼　丁積

田鐸　唐侃　湯紹恩　徐九思　龐嵩　張淳　陳幼學

陳灌，字子將，廬陵人也。元末，世將亂，環所居築場種樹，人莫能測。後十年，盜蠭起。灌率武勇結屯林中，盜不敢入，一鄉賴以全。太祖平武昌，灌詣軍門謁見。與語奇之，擢湖廣行省員外郎，累遷大都督府經歷。從大將軍徐達北征。尋命築城泰州，工竣，除寧國知府。

時天下初定，民棄詩書久。灌建學舍，延師，選俊秀子弟受業。訪問疾苦，禁豪右兼幷。創戶帖以便稽民。帝取爲式，頒行天下。伐石築堤，作水門蓄洩，護瀕江田，百姓咸賴。有坐盜麥舟者，論死數十人。灌覆按曰：「舟自漂至，而愚民鬨取之，非謀劫也。」坐其首一人，餘悉減死。灌丰裁嚴正，而爲治寬恤類此。洪武四年召入京，病卒。

方克勤，字去矜，寧海人。元末，台州盜起，吳江同知金剛奴奉行省命募水兵禦之。克勤獻策弗納，逃之山中。洪武二年辟縣訓導，母老辭歸。四年徵至京師，吏部試第二，特授濟寧知府。

時始詔民墾荒，閱三歲乃稅。吏徵率不俟期，民謂詔旨不信，輒棄去，田復荒。克勤與民約，稅如期。區田爲九等，以差等徵發，吏不得爲奸，野以日闢。又立社學數百區，葺孔子廟堂，敎化興起。盛夏，守將督民夫築城，克勤曰：「民方耕耘不暇，奈何重困之畚鍤。」請之中書省，得罷役。先是久旱，遂大澍。濟寧人歌之曰：「孰罷我役？使君之力。孰活我黍？使君之雨。使君勿去，我民父母。」視事三年，戶口增數倍，一郡饒足。

克勤爲治以德化爲本，不喜近名，嘗曰：「近名必立威，立威必殃民，吾不忍也。」自奉簡素，一布袍十年不易，日不再肉食。太祖用法嚴，士大夫多被謫，過濟寧者，克勤輒周恤之。

永嘉侯朱亮祖嘗率舟師赴北平，水涸，役夫五千濬河。克勤不能止，泣禱於天。忽大雨，水深數尺，舟遂達，民以爲神。八年入朝，太祖嘉其績，賜宴，遣還郡。尋爲屬吏程貢所誣，謫役江浦，復以空印事連，逮死。

子孝聞、孝孺。孝聞，十三喪母，蔬食終制。孝孺，自有傳。

吳履，字德基，蘭谿人。少受業於聞人夢吉，通春秋諸史。李文忠鎭浙東，聘爲郡學正。久之，舉於朝，授南康丞。南康俗悍，謂丞儒也，易之。居數月，摘發奸伏如老獄吏，則皆大驚，相率斂跡。履乃改崇寬大，與民休息。知縣周以中巡視田野，爲部民所詈。捕之不獲，怒，盡縶其鄉鄰。履閱獄問故，立釋之，乃白以中。以中益怒，曰：「丞慢我。」履曰：「犯公者，一人耳，其鄰何罪？今縶者衆，而捕未已，急且有變，奈何？」以中意乃解。邑有淫祠，每祀輒有蛇出戶，民指爲神。履縛巫責之，沉神像於江，淫祠遂絕。爲丞六年，百姓愛之。

遷安化知縣。大姓易氏保險自守，江陰侯吳良將擊之，召履計事。履曰：「易氏逃死耳，非反也，招之當來。不來，誅未晚。」良從之，易氏果至。良欲籍農故爲兵者，民大恐。履曰：「世淸矣，民安於農。請籍其願爲兵者，不願可勿強。」

遷濰州知州。山東兵常以牛羊代秋稅，履與民計曰：「牛羊有死瘠患，不若輸粟便。」他日，上官令民送牛羊之陝西，他縣民多破家，濰民獨完。會改州爲縣，召履還，濰民皆涕泣奔送。履遂乞骸骨歸。

是時河內丞廖欽並以廉能稱。居八年，調吳江，後坐事謫戍。久之，以老病放歸，道河內。河內民競持羊酒爲壽，且遺之縑，須臾裒數百匹。欽固辭不得，一夕遁去。

他若興化丞周舟以績最，特擢吏部主事。民爭乞留，乃遣還之。歸安丞高彬、曹縣主簿劉郁、衡山主簿紀惟正、霑化典史杜濩皆坐事，以部民乞宥復其官，而惟正立擢陝西參議。

其後州縣之佐貳知名者，在仁、宣時則易州判官張友聞、〔一〕壽州判官許敏、許州判官王通、靈璧丞田誠、安平丞耿福緣、嘉定丞戴肅、大名丞賀禎、昌邑主簿劉整、襄垣主簿喬育、貴池典史黃金蘭、深澤典史高聞；英、景時則養利判官汪浩、泰州判官王思旻、上海丞張禎、吳江丞王懋本、歷城丞熊觀、黔陽主簿古初、雲南南安州琅井巡檢李保。或超遷，或遷任，皆因部民請云。

高斗南，字拱極，陝西徽州人。貌魁梧，語音若鐘。洪武中，由薦舉授四川定遠知縣。才識精敏，多善政。二十九年，與知府永州余彥誠，知縣齊東鄭敏、儀真康彥民、岳池王佐、安肅范志遠、當塗孟廉及丞懷寧蘇億、〔三〕休寧甘鏞、當塗趙森並坐事，先後被徵。其耆民奔走闕下，具列善政以聞。太祖嘉之，賜襲衣寶鈔遣還，并賜耆民道路費。諸人既還任，政績益著。尋舉天下廉吏數人，斗南與焉，列其名於彰善榜、聖政記以示勸。九載績最，擢雲南新興知州，新興人愛之不異定遠。居數年，以衰老乞歸，薦子吏科給事中恂自代，成祖許之。年七十而卒。

恂，字士信，博學能詩文。官新興，從大軍征交阯，有協贊功。師旋，卒於官。

彥誠，德興人。初知安陸州，以征稅愆期當就逮，其父老伏闕乞留。太祖賜宴嘉賞，遣還，父老亦預宴。久之，擢知永州府，終河東鹽運使。

敏常坐事被逮，部民數千人守闕下求宥。帝宴勞，復其官，賜鈔百錠，衣三襲。居數年，考滿入朝。部民復走京師乞再任，帝從其請。及是，再獲宥。

彥民，泰和人。洪武二十七年進士。先知青田，調儀真，後歷巴陵、天台，並著名績。

永樂初罷歸。洪熙元年，御史巡按至天台。縣民二百餘人言彥民廉公有爲，乞還之天台，慰民望。御史以聞，宣宗歎曰：「彥民去天台二十餘年，民猶思之，其有善政可知。」乃用爲江寧縣丞。

億、廉、森三人旣釋還，明年復以事當逮。縣民又走闕下頌其廉勤，帝亦釋之。

時太祖操重典繩羣下，守令坐小過輒逮繫。聞其賢，旋遣還，且加賞賚，有因以超擢者。二十九年，知縣靈璧周榮、宜春沈昌、昌樂于子仁，丞新化葉宗並坐事逮訊，部民爲叩閽。太祖喜，立擢四人爲知府，榮河南，昌南安，子仁登州，宗黃州。由是長吏競勸，一時多循良之績焉。

榮，字國華，蓬萊人。初爲靈璧丞，坐累逮下刑部，耆老羣赴輦下稱其賢。帝賜鈔八十錠，綺羅衣各一襲。禮部宴榮及耆老而還之。無何，擢榮靈璧知縣。及知河南，亦有聲。後建言稱旨，擢河南左布政使。

史誠祖，解州人。洪武末，詣闕陳鹽法利弊。太祖納之，授汶上知縣，爲治廉平寬簡。永樂七年，成祖北巡，遣御史考覈郡縣長吏賢否，還言誠祖治第一。賜璽書勞之曰：「守令承流宣化，所以安利元元。朕統御天下，夙夜求賢，共圖治理。往往下詢民間，皆言苦吏苛急，能副朕心者實鮮。爾敦厚老成，恪共乃職。持身勵志，一於廉公。平賦均徭，政清訟簡，民心悅戴，境內稱安。方古良吏，亦復何讓。特擢爾濟寧知州，仍視汶上縣事。其益共乃職，愼終如始，以永嘉譽，欽哉。」幷賜內醖一尊，織金紗衣一襲，鈔千貫。御史又言貪吏虐民無若易州同知張騰，遂徵下獄。誠祖既得旌，益勤於治。土田增闢，戶口繁滋，益編戶十四里。成祖過汶上，欲徙其民數百家於膠州，誠祖奏免之。屢當遷職，輒爲民奏留。閱二十九年，竟卒於任。士民哀號，留葬城南，歲時奉祀。

是時，縣令多久任。蠡縣吳祥，永樂時知嵩縣，至宣德中，閱三十二年卒於任。臨汾李信，永樂時由國子生授遵化知縣，至宣德中，閱二十七年始擢無爲知州。以年老不欲赴，遂乞歸。涓縣房嵒，宣德間爲鄒縣知縣，至正統中，閱二十餘年卒於任，吏民皆愛戴之。而吉水知縣武進錢本忠有廉名，詿誤罷官。父老奔走號泣乞留，郡人胡廣力保之，得還任。民聞本忠復來，空閭井迎拜。永樂中卒官，民哀慕留葬吉水，爭負土營墳，其得民如誠祖云。

謝子襄，名衮，以字行，新淦人。建文中，由薦舉授青田知縣。永樂七年，與錢塘知縣黃信中、開化知縣夏升並九載課最當遷。其部民相率詣於上官，乞再任，上官以聞。帝嘉之，卽擢子襄處州知府，信中杭州，升衢州，俾得治其故縣。

子襄治處州，聲績益著。郡有虎患，歲旱蝗。禱於神，大雨三日，蝗盡死，虎亦遁去。有盜竊官鈔，子襄檄城隍神。盜方閱鈔密室，忽疾風捲墮市中，盜卽伏罪。民鬻牛於市，將屠之。牛逸至子襄前，俛首若有訴，乃捐俸贖還其主。叛卒吳米據山谷爲亂，朝廷發兵討之，一郡洶洶。子襄力止軍城中毋出，而自以計掩捕之，獲其魁，餘悉解散。爲人廉謹，歷官三十年，不以家累自隨。二十二年卒。

信中，餘干人。先知樂淸縣。奸人紿寡婦至京誣告鄉人謀叛，而已逸去。有司繫其婦以聞，詔行所司會鞫。信中廉得其情，力詆爲誣，獲全者甚衆。盜殺一家三人，獄久不決。信中禱於神，得眞盜，遠近稱之。升，鹽城人。

貝秉彝，名恒，以字行，上虞人。永樂二年進士。授邵陽知縣，以憂去，補東阿。善決獄，能以禮義導民。歲大侵，上平糴備荒議。帝從之，班下郡縣如東阿式。邑西南有巨浸，積潦爲田害。秉彝相視高下，鑿渠，引入大清河，涸之，得沃壤數百頃，民食其利。尤善綜畫，凡廢鐵、敗皮、朽索、故紙悉藏之。暇令工匠煮膠、鑄杵、擣紙、絞索貯於庫。會成祖北巡，敕有司建席殿。秉彝出所貯濟用，工遂速竣。帝將召之，東阿耆老百餘人詣闕自言，願留貝令，帝許之。九載考滿入都，詔進一階，仍還東阿。嘗坐累，罰役京師。民競代其役，三罰三代，乃復官。

秉彝爲吏明察而仁恕。素善飲，已仕，遂已之。宣德元年卒官。

時龍溪知縣南昌劉孟雍、鄒縣知縣龍溪朱琦、建安知縣崑山張準、婺源知縣建安吳春、歙縣知縣江西樂平石啓宗，皆有惠利，民率懷思不忘云。

萬觀，字經訓，南昌人。弱冠成永樂十九年進士。帝少之，令歸肄學。尋召爲御史，改嚴州知府。府東境七里瀧，有漁舟數百艇，時剽行旅。觀編十舟爲一甲，令晝地巡警。不匝月，盜屏跡。乃勵學校，勸農桑，奏減織造，以銀代絲稅，民皆便之。九年考績，治行爲海內第一。既以憂去，將除服，嚴州民豫上章願復得觀爲守，金、衢民亦上章乞之。朝廷異焉，補平陽府，政績益茂。有芝生堯祠棟上，士民皆言使君德化所致。觀曰：「太守知奉職而已，芝，非吾事也。」考滿，擢山東布政使，卒於官。

葉宗人，字宗行，松江華亭人。永樂中，尙書夏原吉治水東南。宗人以諸生上疏，請濬范家港引浦水入海，禁瀕海民毋作壩以遏其流。帝令赴原吉所自效。工竣，原吉薦之，授錢塘知縣。縣爲浙江省會，徭重，豪有力往往搆黠吏得財役貧民。宗人令民自占甲乙，書於册，以次簽役，役乃均。嘗視事，有蛇升階，若有所訴。宗人曰：「爾有冤乎？吾爲爾理。」蛇卽出，遣隸尾之，入餅肆爐下。發之，得僵屍，蓋肆主殺而瘞之也。又常行江中，有死人掛舟舵，推問，則里無賴子所沉者。遂俱伏法，邑民以爲神。

按察使周新，廉介吏也，尤重宗人。一日，伺宗人出，潛入其室，見廚中惟銀魚腊一裹。新歎息，攜少許去。明日召宗人共食，飲至醉，用儀仗導之歸。時呼爲「錢塘一葉清」。十五年督工匠往營北京，卒於塗，新哭之累日。

王源，字啓澤，龍巖人。永樂二年擢進士，授庶吉士。改深澤知縣。修學舍，築長隄，勸民及時嫁娶，革其爭財之俗。數上書論事，被詔徵入都，又論時政得失，忤旨下吏。會赦復官，奏免逋負。歲饑，輒發粟振救，坐是被逮。民爭先輸納，得贖還。召爲春坊司直郎，侍諸王講讀。遷衞府紀善，移松江同知，奏捐積逋數十萬石。以母老乞歸養，服闋，除刑部郎中。

英宗踐阼，擇廷臣十一人爲知府，賜宴及敕，乘傳行。源得潮州府。城東有廣濟橋，歲久半圮壞，源斂民萬金重築之。以其餘建亭，設先聖、四配、十哲像。刻藍田呂氏鄉約，擇民爲約正、約副、約士，講肄其中，而時偕僚寀董率焉。西湖山上有大石爲怪，源命鑿之，果獲石骷髏，怪遂息。乃琢爲碑，大書「潮州知府王源除怪石」。會杖一民死，民子訴諸朝，幷以築橋建亭爲源罪。逮至京，罪當贖徒。潮人相率叩閽，乃復其官。久之，乞休。潮人奏留不獲，祠祀之。

翟溥福，字本德，東莞人。永樂二年進士。除靑陽知縣。九華虎爲患，溥福檄山神，虎卽殄。久之，移新淦，遷刑部主事，進員外郎，爲尚書魏源所器。正統元年七月詔舉廷臣堪爲郡守者，源以溥福應，乃擢南康知府。

先是，歲歉，民擅發富家粟，及收取漂流官木者，前守悉坐以盜，當死者百餘人。溥福閱實，杖而遣之。地濱鄱陽湖，舟遇風濤無所泊，爲築石堤百餘丈，往來者便之。廬山白鹿書院廢，溥福倡衆興復，延師訓其子弟，朔望躬詣講授。

考績赴部，以年老乞歸。侍郎趙新嘗撫江西，大聲曰：「翟君此邦第一賢守也，胡可聽其去。」懇請累日，乃許之。辭郡之日，父老爭贐金帛，悉不受。衆挽舟涕泣，因建祠湖堤祀之，又配享白鹿書院之三賢祠。三賢者，唐李渤、宋周敦頤、朱熹也。

李信圭，字君信，泰和人。洪熙時舉賢良，授清河知縣。縣瘠而衝，官艘日相銜，役夫動以千計。前令請得沭陽五百人爲助，然去家遠，艱於衣食。信圭請免其助役，代輸清河浮征三之二，兩邑便之。俗好發塚縱火，信圭設教戒十三條，令里民書於牌，月朔望儆戒之。且令書其民勤惰善惡以聞，俗爲之變。

宣德三年上疏言：「本邑地廣人稀，地當衝要，使節絡繹，日發民挽舟。丁壯既盡，役及老稚，妨廢農桑。前年兵部有令，公事亟者舟予五人，緩者則否。今此令不行，役夫無限，有一舟至四五十人者。凶威所加，誰敢詰問。或遇快風，步追不及，則官舫人役沒其所齎衣糧，俾受寒餒。乞申明前令，哀此憚人。」從之。八年春，又言：「自江、淮達京師，沿河郡縣悉令軍民挽舟，若無衞軍則民夫盡出有司，州縣歲發二三千人，晝夜以俟。而上官又不分別雜泛差役，一體派及。致土田荒蕪，民無蓄積。稍遇歉歲，輒老稚相攜，緣道乞食，實可憫傷。請自儀眞抵通州，盡免其雜傜，俾得盡力農田，兼供夫役。」帝亦從之。自是，他郡亦蒙其澤。

正統元年用侍郎章敞薦，擢知蘄州。清河民詣闕乞留，命以知州理縣事。民有湖田數百頃，爲淮安衞卒所奪，民代輸租者六十年。信圭奏之，詔還民。饑民攘食人一牛，御史論死八人。信圭奏之，免六人。天久雨，淮水大溢，沒廬舍畜產甚衆。信圭奏請振貸，幷停歲辦物件及軍匠廚役、濬河人夫，報可。南北往來道死不葬者，信圭爲三大塚瘞之。十一年冬，尚書金濂薦擢處州知府，其在清河已二十二年矣。處州方苦旱，信圭至輒雨。未幾，卒於官。清河民爲立祠祀之。

自明興至洪、宣、正統間，民淳俗富，吏易爲治。而其時長吏亦多勵長者行，以循良見稱。其秩滿奏留者，不可勝紀，略舉數人列於篇。

孫浩，永樂中知邵陽，遭喪去官。洪熙元年，陝西按察使頌浩前政，請令補威寧。宣宗嘉歎，即命起復。久之，超擢辰州知府。

薛愼知長清，以親喪去。洪熙元年，長清民知愼服闋，相率詣京師乞再任。吏部尚書蹇義以聞，言長清別除知縣已久，即如民言，又當更易。帝曰：「國家置守令，但欲其得民心，苟民心不得，雖屢易何害。」遂還之。

吳原知吳橋，洪熙中，九載考績赴部。縣民詣闕乞留，帝從之。

陳哲知博野，以舊官還職，解去。宣德元年，部民懇訴於巡按御史，乞還哲。御史以聞，報可。

暢宣知泰安，以母憂去。民頌於副使鄺埜，以聞，仁宗命服闋還任。宣德改元，宣服闋，吏部以請。帝曰：「民欲之，監司言之，固當從，況有先帝之命乎。」遂如其請。

劉伯吉知碭山，以親喪去。服除，碭山民守闕下，求再任。吏部言新令已在碭山二年矣。帝曰：「新者勝舊，則民不復思。今久而又思，其賢於新者可知矣。」遂易之。

孔公朝，永樂時知寧陽，坐與同僚飲酒忿爭，並遣戍。部民屢叩閽乞還，皆不許。宣德二年詔求賢，有以公朝薦者，寧陽人聞之，又相率叩閽乞公朝。帝顧尚書蹇義曰：「公朝去寧陽已二十餘載，民奏乞不已，此非良吏耶？可卽與之。」

郭完知會寧，爲奸人所訐被逮。里老伏闕訟冤乞還，帝亦許之。

徐士宗知貴溪，宣德六年三考俱最。民詣闕乞留，詔增二秩還任。

郭南知常熟，正統十二年以老致仕。父老乞還任，英宗許之。

張璟知平山，秩滿，士民乞留，英宗命進秩復任。景泰初，母憂去。復從士民請，奪情視事。

徐榮知藁城，親喪去官。服闋，部民乞罷新令而還榮，英宗如其請。景泰初，秩滿。復徇民請，留之。

何澄知安福，被劾。民詣闕乞留，英宗命還任。乃築寅陂，浚渠道，復密湖之舊，大興水利。秩滿當遷，侍講劉球爲民代請，帝復留之。

田玉知桐鄉，丁艱去。英宗以部民及巡撫周忱請，還其任。

其他，若內丘馬旭、桐廬楊信、北流李禧、洋縣王黼、保安張庸、獲鹿吳轀、扶風宋端，皆當宣宗之世，以九載奏最。爲民乞留，卽加秩留任者也。時帝方重循良，而吏部尙書蹇義尤愼擇守令，考察明恕。沿及英宗，吏治淳厚，部民奏留率報可。

然其間亦有作奸者。永寧稅課大使劉迪封羊置酒，邀耆老請留。宣宗怒，下之吏。漢中同知王聚亦張宴求屬吏保奏爲知府。事聞，宣宗幷屬吏罪之。自後，部民奏留，率下所司覈實云。

張宗璉，字重器，吉水人。永樂二年進士。改庶吉士，授刑部主事，錄囚廣東。仁宗卽位，擢左中允。會詔朝臣舉所知，禮部郎中況鍾以宗璉名上。帝問少傅楊士奇曰：「人皆舉外吏，鍾舉京官，何也？」對曰：「宗璉賢，臣與侍讀學士王直將舉之，不意爲鍾所先耳。」帝喜，曰：「鍾能知宗璉，亦賢矣。」由是知鍾，而擢宗璉南京大理丞。

宣德元年詔遣吏部侍郎黃宗載等十五人出釐各省軍籍，宗璉往福建。明年坐奏事忤旨，謫常州同知。朝遣御史李立理江南軍籍，檄宗璉自隨。立受黠軍詞，多逮平民實伍，宗璉數爭之。立怒，宗璉輒臥地乞杖，曰「請代百姓死」，免株累甚衆。初，宗璉使廣東，務廉恕。至是見立暴橫，心積不平，疽發背卒。常州民白衣送喪者千餘人，爲建祠君山。

宗璉蒞郡，不攜妻子，病亟召醫，室無燈燭。童子從外索取油一盂入，宗璉立却之，其清峻如此。

李驥，字尚德，郯城人。舉洪武二十六年鄉試。入國學，居三年，授戶科給事中。時關市譏商旅，發及囊篋，驥奏止之。尋坐事免。

建文時，薦起新鄉知縣，招流亡，給以農具，復業者數千人。內艱去，官民相率奏留者數四，不許。永樂初，服闋，改知東安。事有病民，輒奏於朝，罷免之。有嫠婦子溺死，訴於驥。驥禱城隍神，深自咎責。明旦，猨死於其所。侍郎李昶等交薦，擢刑部郎中。奏陳十餘事，多見採納。坐累，謫役保安。

洪熙時，有詔求賢，薦爲御史。陳經國利民十事，仁宗嘉納。宣德五年巡視倉場，軍高祥盜倉粟，驥執而鞫之。祥父妄言，祥與張貴等同盜，驥受貴等賄故獨罪祥。刑部侍郎施禮遂論驥死。驥上章自辨，帝曰：「御史旣擒盜，安肯納賄！」命偕都察院再訊，驥果枉。帝乃切責禮，而復驥官。其年十一月，擇廷臣二十五人爲郡守，奉敕以行。驥授河南知府，肇慶則給事中王罃，〔三〕瓊州則戶部郎中徐鑑，汀州則禮部員外郎許敬軒，寧波則刑部主事鄭珞，〔四〕撫州則大理寺正王昇，後皆以政績著。

河南境多盜，驥爲設火甲，一戶被盜，一甲償之。犯者，大署其門曰盜賊之家。又爲勸教文，振木鐸以徇之。自是人咸改行，道不拾遺。郡有伊王府，王數請囑，不從。中官及校卒虐民，又爲驥所抑，恨甚。及冬至，令驥以四更往陪位行禮。及驥如期往，誣驥後期，執而桎梏之，次日乃釋。驥奏聞，帝怒，貽書讓王，府中承奉、長史、典儀悉逮置於理。驥持身端恪，晏居雖几席必正。蒞郡六年卒，年七十。士民赴弔，咸哭失聲。

王嶅，鄞人，起家舉人。居肇慶九年，進秩二等，後徙知西安。

徐鑑，宜興人。在瓊四年卒，郡人祀之九賢祠。

許敬軒，天台人。起家國子生。守汀時糾參政陳羽貪暴，宣宗爲逮治羽。卒官，士民爭賻之。

鄭珞，〔三〕閩縣人。起家進士。守寧波，以艱去。會海寇入犯，民數千詣闕乞留，詔奪情復任。嘗劾中使呂可烈無狀，帝爲誅可烈。久之，擢浙江參政。

王昇，龍溪人。起家進士。在郡九載，以部民乞留，增秩還任。以疾歸。

李湘，字永懷，泰和人。永樂中，由國子生理刑都察院。以才擢東平知州，常祿外一無所取，訓誡吏民若家人然。城東有大村壩，源出岱嶽，雨潦輒爲民患，奏發丁夫隄之。州及所轄五邑，地多荒蕪，力督民墾闢，公私皆實。會舊官還任，將解去。民羣乞於朝，帝從其請。成祖晚年數北征，令山東長吏督民轉餉，道遠多死亡，惟東平人無失所。奸人誣湘苛斂民財，訐於布政司。縣民千三百人走訴巡按御史暨布、按二司，力白其冤。耆老七十人復奔伏闕下，發奸人誣陷狀。及布政司繫湘入都，又有耆老九十人隨湘訟冤。通政司以聞，下刑曹閱實，乃復湘官，而抵奸人於法。

蒞州十餘年，至正統初，詔大臣舉郡守，尚書胡濙以湘應，遂擢懷慶知府。東平民扶攜老幼，泣送數十里。懷慶有軍衞，素挾勢厲民。湘隨時裁制，皆不敢犯。居三年卒。

趙豫，字定素，安肅人。燕王起兵下保定，豫以諸生督賦守城。永樂五年授泌陽主簿，未上，擢兵部主事，進員外郎。內艱，起復。洪熙時進郎中。

宣德五年五月簡廷臣九人爲知府，豫得松江，奉敕往。時衞軍恣横，豫執其尤者，杖而配之邊，衆遂帖然。一意拊循，與民休息。擇良家子謹厚者爲吏，訓以禮法。均徭節費，減吏員十之五。巡撫周忱有所建置，必與豫議。及淸軍御史李立至，專務益軍，勾及姻戚同姓。稍辨，則酷刑榜掠。人情大擾，訴枉者至一千一百餘人。鹽司勾竈丁，亦累及他戶，大爲民害。豫皆上章極論之，咸獲蘇息。有詔減蘇、松官田重租，豫所轄華亭、上海二縣，減去十之二三。

正統中，九載考績。民五千餘人列狀乞留，巡按御史以聞，命增二秩還任。及十年春，大計羣吏，始舉卓異之典。豫與寧國知府袁旭皆預焉，賜宴及襲衣遣還。在職十五年，清靜如一日。去郡，老稚攀轅，留一履以識遺愛，後配享周忱祠。

方豫始至，患民俗多訟。訟者至，輒好言諭之曰：「明日來。」衆皆笑之，有「松江太守明日來」之謠。及訟者踰宿忿漸平，或被勸阻，多止不訟。

始與豫同守郡者，蘇州況鍾、常州莫愚、吉水陳本深、溫州何文淵、杭州馬儀、西安羅以禮、建昌陳鼎，並皦皦著名績，豫尤以愷悌稱。

是時，列郡長吏以惠政著聞者：

湖州知府祥符趙登，秩滿當遷。民詣闕乞留，增秩再任，自宣德至正統，先後在官十七年。

登同里岳璿繼之，亦有善政，民稱爲趙、岳。

淮安知府南昌彭遠被誣當罷，民擁中官舟，乞爲奏請，宣帝命復留之。〔六〕正統六年超擢廣東布政司。

荆州知府大庾劉永遭父喪，軍民萬八千餘人乞留，英宗命奪情視事。鞏昌知府鄞縣戴浩擅發邊儲三百七十石振饑，被劾請罪，景帝原之。徽州知府孫遇秩滿當遷，民詣闕乞留，英宗令進秩視事。先後在官十八年，遷至河南布政使。惟袁旭在寧國爲督學御史程富所誣劾，逮死獄中。而寧國人惜之，立祠祀焉。

曾泉，泰和人。永樂十八年進士。選庶吉士，改御史。宣德初，都御史邵玘甄別屬僚，泉謫汜水典史，卒。

正統四年，河南參政孫原貞上言：「泉操行廉潔，服官勤敏，不以降黜故有偸惰心。躬督民闢荒土，收穀麥，伐材木，備營繕，通商賈，完逋責，官有儲積，民無科擾。造舟楫，置棺槨，贍民器用。百姓婚喪不給者，咸資於泉。死之日，老幼巷哭。臣行部汜水，泉沒已三年矣，民懷其惠，言輒流涕，雖古循吏，何以加茲。若使海內得泉等數十人分治郡邑，可使朝廷恩澤滂流，物咸得所。雖在異代，猶宜下詔褒美。而獎錄未及，官階未復，使泉終蒙貶謫之名，不獲顯於當世，良可矜恤。請追復泉爵，褒旣往以風方來。」帝從之。

范衷，字恭肅，豐城人。永樂十九年進士。除壽昌知縣。闢荒田二千六百畝，興水利三百四十有六區。正統五年三考報最，當遷。邑人頌德乞留，御史以聞，朝廷許之。尋以外艱去，服闋，起知汝州。吏部尚書王直察舉天下廉吏數人，衷爲第一。性至孝，廬父墓，瓜生連枝，有白兔三，馴擾墓側。鄉人莫不高其行。

周濟，字大亨，洛陽人。永樂中，以舉人入太學，歷事都察院。都御史劉觀薦爲御史，固辭。宣德時，授江西都司斷事。艱歸，補湖廣。正統初，擢御史。大同鎭守中官以驕橫聞，敕濟往廉之。濟變服負薪入其宅，盡得不法狀，還報，帝大嘉之。已，巡按四川。威州土官董敏、王允相讐殺，詔濟督官兵進討。濟曰：「朝廷綏安遠人，宜先撫而後征。」馳檄諭之，遂解。

十一年出爲安慶知府。歲比不登，民間鬻子女充衣食，方舟而去者相接。濟借漕糧以振，而禁鬻子女者。且上疏請免租，詔許之，全活甚衆。又爲定婚喪制，禁侈費，愆嫁葬期者有罰，風俗一變。

饑民聚掠富家粟，富家以盜劫告。濟下令曰：「民饑故如此，然得穀當報太守數，太守當代爾償。」掠者遂解散。濟卒官，民皆罷市巷哭云。

范希正，字以貞，吳縣人。宣德三年舉賢良方正，授曹縣知縣。有奸吏受賕，希正按其罪，械送京師。吏反誣希正他事，坐逮。曹民八百餘人詣京白通政司，言希正廉能，橫爲奸吏誣枉。侍郎許廓以公事過曹，曹父老二百餘人遮道稽顙，泣言朝廷奪我賢令。事並聞，帝乃釋希正使還縣。正統十年，山東饑。惟曹以希正先積粟，得無患。大理寺丞張驥振山東，聞之。因請升曹縣爲州，而以希正爲知州，從之。時州民負官馬不能償，多逃竄。希正節公費代償九十餘匹，逃者皆復業。吉水人誣曹富民殺其兄，連坐甚衆。希正密移吉水，按其人姓名皆妄，事得白。治曹二十三年，歷知州，再考乃致仕。

當是時，潞州知州咸寧燕雲、徐州知州楊祕、全州知州錢塘周健、霸州知州張需、定州知州王約，皆大著聲績。祕、健進秩視事，約賜詔旌異。需忤太監王振戍邊，人尤惜之。而得民最久者，無若希正與寧州知州劉綱。

綱，字之紀，禹州人。建文二年進士。由府谷知縣遷是職。蒞州三十四年，仁宗嘗賜酒饌，人以爲榮。正統中，請老去，民送之，涕泣載道。及卒，寧民祀之狄仁傑祠中。其孫，卽大學士宇也。

段堅，字可大，蘭州人。早歲受書，卽有志聖賢。舉於鄉，入國子監。景泰元年上書，請悉徵還四方監軍，罷天下佛老宮。疏奏，不行。五年成進士，授福山知縣。刊布小學，俾士民講誦。俗素陋，至是一變，村落皆有絃誦聲。

成化初，賜勅旌異，超擢萊州知府。期年，化大行。以憂去，服除，改知南陽。召州縣學官，具告以古人爲學之指，使轉相勸誘。創志學書院，聚秀民講說五經要義，及濂、洛諸儒遺書。建節義祠，祀古今烈女。訟獄徭賦，務底於平。居數年，大治，引疾去。士民號泣送者，踰境不絕。及聞其卒，立祠，春秋祀之。

堅之學，私淑河東薛瑄，務致知而踐其實，不以諛聞取譽，故能以儒術飾吏治。

子昊，進士，翰林檢討。諂附焦芳、劉瑾敗，落職，隤其家聲焉。

陳鋼，字堅遠，應天人。舉成化元年鄉試，授黔陽知縣。楚俗，居喪好擊鼓歌舞。鋼教以歌古哀詞，民俗漸變。縣城當沅、湘合流，數決，壞廬舍。鋼募人採石甃隄千餘丈，水不爲害。南山匪官道數里，徑窄甚，行者多墮厓死。鋼積薪燒山，沃以醯，拓徑丈許，行者便之。鋼病，民爭籲神，願減己算益鋼壽。遷長沙通判，監修吉王府第。工成，王賜之金帛，不受。請王故殿材修岳麓書院，王許之。弘治元年丁母憂歸。卒，黔陽、長沙並祠祀之。子沂，官侍講，見文苑傳。

丁積，字彥誠，寧都人。成化十四年進士。授新會知縣，至卽師事邑人陳獻章。爲政以風化爲本，而主於愛民。中貴梁芳，邑人也，其弟長橫於鄉，責民逋過倍，復訴於積。積追券焚之，且收捕繫獄，由是權豪屛跡。申洪武禮制，參以朱子家禮，擇耆老誨導百姓。良家子墮業，聚廡下，使日誦小學書，親爲解說，風俗大變。

民出錢輸官供役，名均平錢。其後吏貪，復令甲首出錢供用，曰當月錢，貧者至鬻子女。積一切杜絕。俗信巫鬼，爲痛毀淫祠。旣而歲大旱，築壇圭峯頂。昕夕伏壇下者八日，雨大澍。而積遂得疾以卒，士民聚哭於途。有一嫗夜哭極哀，或問之，曰：「來歲當甲首，丁公死，吾無以聊生矣。」

田鐸，字振之，陽城人。成化十四年進士。授戶部主事，遷員外郎、郎中。弘治二年奉詔振四川，坐誤遺敕中語，謫蓬州知州。州東南有江洲八十二頃，爲豪右所據，鐸悉以還民。建大小二十四橋，又鑿三溪山，以便行者。御史行部至蓬，寂無訟者，訝之。已，乃知州無冤民也，太息而去。薦於朝，擢廣東僉事。遷四川參議，不赴，以老疾告歸。

正德時，劉瑾矯詔，言鐸理廣東鹽法，簿牒未明，逮赴廣。未就道而瑾誅，或勸鐸毋行，鐸不聽，行次九江卒，年八十二矣。

唐侃，字廷直，丹徒人。正德八年舉於鄉，授永豐知縣。之官不攜妻子，獨與一二童僕飯蔬豆羹以居。久之，吏民信服。永豐俗刁訟，尚鬼，尤好俳優，侃禁止之。

進武定知州。會清軍籍，應發遣者至萬二千人。侃曰「武定戶口三萬，是空半州也」，力爭之。又有議徙州境徒駭河者，侃復言不宜朘民財塡溝壑。事並得寢。章聖皇太后葬承天，諸內奄迫脅所過州縣吏，索金錢，宣言供張不辦者死，州縣吏多逃。侃置空棺旁舍中，奄迫之急，則紿至棺所，指而告之曰：「吾辦一死，金錢不可得也。」諸奄皆愕眙去。稍遷刑部主事，卒。

初，侃少時從丁璣學。鄰女夜奔之，拒勿納。其父坐繫，侃請代不得，藉草寢地。逾歲，父獲宥，乃止。其操行貞潔，蓋性成也。

湯紹恩，安岳人。父佐，弘治初進士。仕至參政。紹恩以嘉靖五年擢第。十四年由戶部郎中遷德安知府，尋移紹興。爲人寬厚長者，性儉素，內服疏布，外以父所遺故袍襲之。始至，新學宮，廣設社學。歲大旱，徒步禱烈日中，雨卽降。緩刑罰，恤貧弱，旌節孝，民情大和。

山陰、會稽、蕭山三邑之水，匯三江口入海，潮汐日至，擁沙積如丘陵。遇霪潦，則水阻沙不能驟洩，良田盡成巨浸，當事者不得已決塘以瀉之。塘決則憂旱，歲苦修築。紹恩遍行水道，至三江口，見兩山對峙，喜曰：「此下必有石根，余其於此建閘乎？」募善水者探之，果有石脈横亘兩山間，遂興工。先投以鐵石，繼以籠盛甃屑沉之。工未半，潮衝蕩不能就，怨讟煩興。紹恩不爲動，禱於海神，潮不至者累日，工遂竣。修五十餘尋，爲閘二十有八，以應列宿。於内爲備閘三，曰經溇，曰撞塘，曰平水，以防大閘之潰。閘外築石隄四百餘丈扼潮，始不爲閘患。刻水則石間，俾後人相水勢以時啓閉。自是，三邑方數百里間無水患矣。士民德之，立廟閘左，歲時奉祀不絶。屢遷山東右布政使，致仕歸，年九十七而卒。

初，紹恩之生也，有峨嵋僧過其門，曰：「他日地有稱紹者，將承是兒恩乎？」因名紹恩，字汝承，其後果驗。

徐九思，貴溪人。嘉靖中，授句容知縣。始視事，恂恂若不能。俄有吏袖空牒竊印者，九思擒其奸，論如法。郡吏爲叩頭請，不許，於是人人惴恐。爲治於單赤務加恩，而御豪猾特嚴。訟者，扑不過十。諸所催科，預爲之期，逾期令里老逮之而已，隸莫敢至鄉落。縣東西通衢七十里，壅土積三尺，雨雪，泥沒股。九思節公費，甃以石，行旅便之。朝廷數遣中貴醮神三茅山，縣民苦供應。九思搜故牒，有鹽引金久貯於府者，請以給賞，民無所擾。歲侵，穀湧貴。巡撫發倉穀數百石，使平價糶而償直於官。九思曰：「彼糴者，皆豪也。貧民雖平價不能糴。」乃以時價糶其半，還直於官，而以餘穀煮粥食餓者。穀多，則使稱力分負以去，其山谷遠者，則就旁富人穀，而官爲償之，全活甚衆。嘗曰：「卽天子布大惠，安能人人蠲租賜復，第在吾曹酌緩急而已。」久之，與應天府尹不合，爲巡撫所劾，吏部尚書熊浹知其賢，特留之。

積九載，遷工部主事，歷郎中，治張秋河道。漕河與鹽河近而不相接，漕水溢則泛濫爲田患。九思議築減水橋於沙灣，俾二水相通，漕水溢，則有所洩以入海，而不侵田，少則有所限而不至於涸。工成，遂爲永利。時工部尚書趙文華視師東南，道河上。九思不出迎，遣一吏齎牒往謁，文華嫚罵而去。會遷高州知府。文華歸，修舊怨，與吏部尚書吳鵬合謀搆之，遂坐九思老，致仕。句容民爲建祠茅山。九思家居二十二年，年八十五，抱疾，抗手曰「茅山迎我」，遂卒。子貞明，自有傳。

龐嵩，字振卿，南海人。嘉靖十三年舉於鄉。講業羅浮山，從遊者雲集。二十三年歷應天通判，進治中，先後凡八年。府缺尹，屢攝其事。始至，值歲饑，上官命督振。公粟竭，貸之巨室富家，全活者六萬七千餘人。乃錮積逋，緩征徭，勤勞徠，復業者又十萬餘人。

留都民苦役重，力爲調劑，凡優免戶及寄居客戶、詭稱官戶、寄莊戶、女戶、神帛堂匠戶，俾悉出以供役，民困大蘇。江寧縣葛仙、永豐二鄉，頻遭水患，居民止存七戶。嵩爲治隄築防，得田三千六百畝，立惠民莊四，召貧民佃之，流移盡復。屢剖冤獄，戚畹王湧、舉人趙君寵占良人妻，殺人，嵩置之法。

早遊王守仁門，淹通五經。集諸生新泉書院，相與講習。歲時單騎行縣，以壺漿自隨。京府佐貳鮮有舉其職者，至嵩以善政特聞。府官在六年京察例，而復與外察。嵩謂非體，疏請止之，遂爲永制。遷南京刑部員外郎，進郎中。撰原刑、司刑、祥刑、明刑四篇，曰刑曹志，時議稱之。遷雲南曲靖知府，亦有政聲。中察典，以老罷，而年僅五十。復從湛若水游，久之卒。應天、曲靖皆祠之名宦，葛仙鄉專祠祀之。

張淳，字希古，桐城人。隆慶二年進士。授永康知縣。吏民素多奸黠，連告罷七令。

淳至，日夜閱案牘。訟者數千人，剖決如流，吏民大駭服，訟浸減。凡赴控者，淳卽示審期，兩造如期至，片晷分析無留滯。鄉民裹飯一包卽可畢訟，因呼爲「張一包」，謂其敏斷如包拯也。

巨盜盧十八剽庫金，十餘年不獲，御史以屬淳。淳刻期三月必得盜，而請御史月下數十檄。及檄累下，淳陽笑曰：「盜遁久矣，安從捕。」寢不行。吏某婦與十八通，吏頗爲耳目，聞淳言以告十八，十八意自安。淳乃令他役詐告吏負金，繫吏獄。密召吏責以通盜死罪，復教之請以婦代繫，而己出營貲以償。十八聞，亟往視婦，因醉而擒之。及報御史，僅兩月耳。

民有睚眦嫌，輒以人命訟。淳驗無實卽坐之，自是無誣訟者。永人貧，生女多不舉。淳勸誡備至，貧無力者捐俸量給，全活無數。歲旱，劫掠公行，下令劫奪者死。有奪五斗米者，淳佯取死囚杖殺之，而榜其罪曰「是劫米者」，衆皆懾服。久之，以治行第一赴召去永，甫就車，顧其下曰：「某盜已來，去此數里，可爲我縛來。」如言跡之，盜正濯足於河，繫至，盜服辜。永人駭其事，謂有神告。淳曰：「此盜捕之急則遁，今聞吾去乃歸耳。以理卜，何神之有。」

擢禮部主事，歷郎中，謝病去。起建寧知府，進浙江副使。時浙江有召募兵，撫按議散之，兵皆洶洶。淳曰：「是憍悍者，留則有用，汰則叵測。不若汰其老弱，而留其壯勇，則留者不思亂，汰者不能亂矣。」從之，事遂定。官終陝西布政。

陳幼學，字志行，無錫人。萬曆十七年進士。授確山知縣。政務惠民，積粟萬二千石以備荒，墾萊田八百餘頃，給貧民牛五百餘頭，覈黃河退地百三十餘頃以賦民。里婦不能紡者，授紡車八百餘輛。置屋千二百餘間，分處貧民。建公廨八十間，以居六曹吏，俾食宿其中。節公費六百餘兩，代正賦之無徵者。栽桑榆諸樹三萬八千餘株，開河渠百九十八道。

布政使劉渾成弟燦成助妾殺妻，治如律。行太僕卿陳耀文家人犯法，立捕治之。汝寧知府丘度慮幼學得禍，言於撫按，調繁中牟。秋成時，飛蝗蔽天。幼學捕蝗，得千三百餘石，乃不爲災。縣故土城，卑且圮。給饑民粟，俾修築，工成，民不知役。縣南荒地多茂草，根深難墾。令民投牒者，必入草十斤。未幾，草盡，得沃田數百頃，悉以畀民。有大澤，積水，占膏腴地二十餘里。幼學疏爲河者五十七，爲渠者百三十九，俱引入小清河，民大獲利。大莊諸里多水，爲築隄十三道障之。給貧民牛種，貧婦紡具，倍於確山。越五年，政績茂著。以不通權貴，當考察拾遺，掌道御史擬斥之，其子爭曰：「兒自中州來，咸言中牟治行無雙。今予殿，何也？」乃已。

稍遷刑部主事。中官採御園果者，怒殺園夫母，棄其屍河中。幼學具奏，逮置之法。嘉興人袁黃妄批削四書、書經集註，名曰刪正，刊行於時。幼學駁正其書，抗疏論列。疏雖留中，鏤板盡毀。以員外郎恤刑畿輔，出矜疑三百餘人。進郎中。

遷湖州知府，甫至，即捕殺豪惡奴。有施敏者士族子，楊陞者人奴也，橫郡中。幼學執敏置諸獄。敏賂貴人囑巡撫檄取親鞫，幼學執不予，立杖殺之。敏獄辭連故尚書潘季馴子廷圭，幼學言之御史，疏劾之，下獄。他奸豪復論殺數十輩，獨楊陞畏禍斂跡，置之。已，念己去陞必復逞，遂捕置之死，一郡大治。霪雨連月，禾盡死。幼學大舉荒政，活饑民三十四萬有奇。御史將薦之，徵其治行，推官閻世科列上三十六事，御史以聞。詔加按察副使，仍視郡事。

久之，以副使督九江兵備。幼學年已七十，其母尚在，遂以終養歸。母卒，不復出。天啓三年起南京光祿少卿，改太常少卿，俱不赴。明年卒，年八十四矣。中牟、湖州並祠祀之。

校勘記

〔一〕易州判官張友聞　張友聞，原作「張有聞」，據明史稿傳一五七吳履附傳、宣宗實錄卷五洪熙元年閏七月甲辰條、國榷卷一九頁一二六六改。

〔二〕丞懷寧蘇億　蘇億，明史稿傳一五七高斗南傳、太祖實錄卷二四八洪武二十九年十二月癸丑條作「蘇益」。

〔三〕給事中王礬　王礬，原作「王瑩」，據明史稿傳一五七李驥傳、宣宗實錄卷七二宣德五年十一月己未條、國榷卷二一頁一四〇四改。下同。卷目照改。

〔四〕寧波則刑部主事鄭珞　鄭珞，原作「鄭恪」，據明史稿傳一五七李驥傳、宣宗實錄卷七二宣德五年十一月己未條、國榷卷二一頁一四〇四改。下同。

〔五〕鄭珞　原作「魏恪」。按王礬以下五附傳，卽上文所述與李驥同授知府之五人，上文作「鄭恪」，此又作「魏恪」，顯有錯誤。「魏」字據上文改作「鄭」，「恪」字改「珞」見校勘記〔四〕。

〔六〕宣帝命復留之　宣帝，當作「宣宗」。

明史卷二百八十二

列傳第一百七十

儒林一

粵自司馬遷、班固創述儒林，著漢興諸儒修明經藝之由，朝廷廣厲學官之路，與一代政治相表裏。後史沿其體製，士之抱遺經以相授受者，雖無他事業，率類次爲篇。宋史判道學、儒林爲二，以明伊、雒淵源，上承洙、泗，儒宗統緒，莫正於是。所關於世道人心者甚鉅，是以載籍雖繁，莫可廢也。

明太祖起布衣，定天下，當干戈搶攘之時，所至徵召耆儒，講論道德，修明治術，興起敎化，煥乎成一代之宏規。雖天亶英姿，而諸儒之功不爲無助也。制科取士，一以經義爲先，網羅碩學。嗣世承平，文敎特盛，大臣以文學登用者，林立朝右。而英宗之世，河東薛瑄以醇儒預機政，雖弗究於用，其淸修篤學，海內宗焉。吳與弼以名儒被薦，天子修幣聘之殊禮，前席延見，想望風采，而譽隆於實，詬誶叢滋。自是積重甲科，儒風少替。白沙而後，曠典缺如。

原夫明初諸儒，皆朱子門人之支流餘裔，師承有自，矩矱秩然。曹端、胡居仁篤踐履，謹繩墨，守儒先之正傳，無敢改錯。學術之分，則自陳獻章、王守仁始。宗獻章者曰江門之學，孤行獨詣，其傳不遠。宗守仁者曰姚江之學，別立宗旨，顯與朱子背馳，門徒徧天下，流傳逾百年，其教大行，其弊滋甚。嘉、隆而後，篤信程、朱，不遷異說者，無復幾人矣。要之，有明諸儒，衍伊、雒之緒言，探性命之奧旨，錙銖或爽，遂啓岐趨，襲謬承譌，指歸彌遠。至專門經訓授受源流，則二百七十餘年間，未聞以此名家者。經學非漢、唐之精專，性理襲宋、元之糟粕，論者謂科舉盛而儒術微，殆其然乎。

今差別其人，準前史例，作儒林傳。有事功可見，列於正傳者，茲不復及。其先聖、先賢後裔，明代亟爲表章，衍聖列爵上公，與國終始。其他簪纓逢掖，奕葉承恩，亦儒林盛事也。考其原始，別自爲篇，附諸末簡，以備一代之故云。

范祖幹 葉儀等　謝應芳　汪克寬　梁寅　趙汸　陳謨　薛瑄 閻禹錫 周蕙等　胡居仁 余祐　蔡清 陳琛 林希元等　羅欽順

曹端　吳與弼 胡九韶等　陳眞晟　呂柟 呂潛等　邵寶 王問
楊廉　劉觀 孫鼎 李中　馬理　魏校 王應電 王敬臣　周瑛
潘府　崔銑　何瑭　唐伯元　黃淳耀 弟淵耀

范祖幹，字景先，金華人。從同邑許謙遊，得其指要。其學以誠意爲主，而嚴以愼獨持守之功。太祖下婺州，與葉儀並召。祖幹持大學以進，太祖問治道何先，對曰：「不出是書。」太祖令剖陳其義，祖幹謂帝王之道，自修身齊家以至治國平天下，必上下四旁，均齊方正，使萬物各得其所，而後可以言治。太祖曰：「聖人之道所以爲萬世法。吾自起兵以來，號令賞罰，一有不平，何以服衆。夫武定禍亂，文致太平，悉是道也。」深加禮貌，命二人爲諮議，祖幹以親老辭歸。李文忠守處州，特加敬禮，恒稱之爲師。祖幹事親孝，父母皆八十餘而終。家貧不能葬，鄉里共爲營辦，悲哀三年如一日。有司以聞，命表其所居曰純孝坊，學者稱爲純孝先生。

葉儀，字景翰，金華人。受業於許謙，謙誨之曰：「學者必以五性人倫爲本，以開明心術、變化氣質爲先。」儀朝夕惕厲，研究奥旨。已而授徒講學，士爭趨之。其語學者曰：「聖賢言行，盡於六經、四書，其微詞奥義，則近代先儒之說備矣。由其言以求其心，涵泳從容，久自得之，不可先立己意，而妄有是非也。」太祖克婺州，召見，授爲諮議，以老病辭。已而知府王宗顯聘儀及宋濂爲五經師，非久亦辭歸，隱居養親。所著有南陽雜藁。吳沉稱其理明識精，一介不苟。安貧樂道，守死不變。

門人何壽朋，字德齡，亦金華人。窮經守志，不妄干人。洪武初，舉孝廉，以二親俱老辭。父歿，舍所居宅易地以葬。學者因其自號，稱曰歸全先生。

同邑汪與立，字師道，祖幹門人。其德行與壽朋齊名而文學爲優。隱居敎授，以高壽終。

謝應芳，字子蘭，武進人也。自幼篤志好學，潛心性理，以道義名節自勵。元至正初，隱白鶴溪上。搆小室，顏曰「龜巢」，因以爲號。郡辟敎鄉校子弟，先質後文，諸生皆循循雅飭。疾異端惑世，嘗輯聖賢格言、古今明鑒爲辨惑編。有舉爲三衢書院山長者，不就。及天下兵起，避地吳中，吳人爭延致爲弟子師。

久之，江南底定，始來歸，年逾七十矣。徙居芳茂山，一室蕭然，晏如也。有司徵修郡志，强起赴之。年益高，學行益劭。達官縉紳過郡者，必訪於其廬，應芳布衣韋帶與之抗禮。議論必關世教，切民隱，而導善之志不衰。詩文雅麗藴藉，而所自得者，理學爲深。卒年九十七。

汪克寬，字德一，祁門人。祖華，受業雙峯饒魯，得勉齋黄氏之傳。克寬十歲時，父授以雙峯問答之書，輒有悟。乃取四書，自定句讀，晝夜誦習，專勤異凡兒。後從父之浮梁，問業於吴仲迂，志益篤。元泰定中，舉應鄉試，中選。會試以答策伉直見黜，慨然棄科舉業，盡力於經學。春秋則以胡安國爲主，而博考衆説，會萃成書，名之曰春秋經傳附錄纂疏。〔一〕易則有程朱傳義音考。詩有集傳音義會通。禮有禮經補逸。綱目有凡例考異。四方學士，執經門下者甚衆。至正間，蘄、黄兵至，室廬貲財盡遭焚掠。簞瓢屢空，怡然自得。洪武初，聘至京師，同修元史。書成，將授官，固辭老疾。賜銀幣，給驛還。五年冬卒，年六十有九。

梁寅，字孟敬，新喻人。世業農，家貧，自力於學，淹貫五經、百氏。累舉不第，遂棄去。辟集慶路儒學訓導，居二歲，以親老辭歸。明年，天下兵起，遂隱居教授。

太祖定四方，徵天下名儒修述禮樂。寅就徵，年六十餘矣。時以禮、律、制度，分爲三局，寅在禮局中，討論精審，諸儒皆推服。書成，賜金幣。將授官，以老病辭，還。結廬石門山，四方士多從學，稱爲梁五經，又稱石門先生。鄰邑子初入官，詣寅請教。寅曰：「淸、愼、勤，居官三字符也。」其人問天德王道之要，寅微笑曰：「言忠信，行篤敬，天德也。不傷財，不害民，王道也。」其人退曰：「梁子所言，平平耳。」後以不檢敗，語人曰：「吾不敢再見石門先生。」寅卒，年八十二。

趙汸，字子常，休寧人。生而姿禀卓絕。初就外傅，讀朱子四書，多所疑難，乃盡取朱子書讀之。聞九江黃澤有學行，往從之游。澤之學，以精思自悟爲主。其教人，引而不發。汸一再登門，乃得六經疑義千餘條以歸。已，復往，留二歲，得口授六十四卦大義與學春秋之要。後復從臨川虞集游，獲聞吳澄之學。乃築東山精舍，讀書著述其中。雞初鳴輒起，澄心默坐。由是造詣精深，諸經無不通貫，而尤邃於春秋。初以聞於黃澤者，爲春秋師說三卷，復廣之爲春秋集傳十五卷。因禮記經解有「屬辭比事春秋敎」之語，乃復著春秋屬辭八篇。又以爲學春秋者，必考左傳事實爲先，杜預、陳傅良有得於此，而各有所蔽，乃復著左氏補注十卷。當是時，天下兵起，汸轉側干戈間，顚沛流離，而進修之功不懈。

太祖既定天下，詔修元史，徵汸預其事。書成，辭歸。未幾卒，年五十有一。學者稱東山先生。

陳謨，字一德，泰和人。幼能詩文，邃於經學，旁及子史百家，涉流探源，辨析純駁，犁然要於至當。隱居不求仕，而究心經世之務。嘗謂：「學必敦本，莫加於性，莫重於倫，莫先於變化氣質。若禮樂、刑政、錢穀、甲兵、度數之詳，亦不可不講習。」一時經生學子多從之游。事親孝，友於其弟。鄉人有爲不善者，不敢使聞。洪武初，徵詣京師，賜坐議學。學士宋濂、待制王褘請留爲國學師，謨引疾辭歸。屢應聘爲江、浙考試官，著書敎授以終。

薛瑄，字德溫，河津人。父貞，洪武初領鄉薦，爲元氏教諭。母齊，夢一紫衣人謁見，已而生瑄。性穎敏，甫就塾，授之詩、書，輒成誦，日記千百言。及貞改任滎陽，瑄侍行。時年十二，以所作詩賦呈監司，監司奇之。既而聞高密魏希文、海寧范汝舟深於理學，貞乃並禮爲瑄師。由是盡焚所作詩賦，究心洛、閩淵源，至忘寢食。後貞復改官鄢陵。瑄補鄢陵學生，遂舉河南鄉試第一，時永樂十有八年也。明年成進士。以省親歸。居父喪，悉遵古禮。宣德中服除，擢授御史。三楊當國，欲見之，謝不往。出監湖廣銀場，日探性理諸書，學益進。以繼母憂歸。

正統初還朝，尚書郭璡舉爲山東提學僉事。首揭白鹿洞學規，開示學者。延見諸生，親爲講授。才者樂其寬，而不才者憚其嚴，皆呼爲薛夫子。王振語三楊：「吾鄉誰可爲京卿者？」以瑄對，召爲大理左少卿。三楊以用瑄出振意，欲瑄一往見，李賢語之。瑄正色曰：「拜爵公朝，謝恩私室，吾不爲也。」其後議事東閣，公卿見振多趨拜，瑄獨屹立。振趨揖之，瑄亦無加禮，自是銜瑄。

指揮某死，妾有色，振從子山欲納之，指揮妻不肯。妾遂訐妻毒殺夫，下都察院訊，已誣服。瑄及同官辨其冤，三却之。都御史王文承振旨誣瑄及左、右少卿賀祖嗣、顧惟敬等故出人罪，振復諷言官劾瑄等受賄，並下獄。論瑄死，祖嗣等末減有差。繫獄待決，瑄讀易自如。子三人，願一子代死，二子充軍，不允。及當行刑，振蒼頭忽泣於爨下。問故，泣益悲，曰：「聞今日薛夫子將刑也。」振大感動。會刑科三覆奏，兵部侍郎王偉亦申捄，乃免。

景帝嗣位，用給事中程信薦，起大理寺丞。也先入犯，分守北門有功。尋出督貴州軍餉，事竣，卽乞休，學士江淵奏留之。景泰二年，推南京大理寺卿。富豪殺人，獄久不決，瑄執寘之法。召改北寺。蘇州大饑，貧民掠富豪粟，火其居，蹈海避罪。王文以閣臣出視，坐以叛，當死者二百餘人，瑄力辨其誣。文恚曰：「此老倔强猶昔。」然卒得減死。屢疏告老，不許。

英宗復辟，拜禮部右侍郎兼翰林院學士，入閣預機務。王文、于謙下獄，下羣臣議，石亨等將寘之極刑。瑄力言於帝，後二日文、謙死，獲減一等。帝數見瑄，所陳皆關君德事。已，見石亨、曹吉祥亂政，疏乞骸骨。帝心重瑄，微嫌其老，乃許之歸。

瑄學一本程、朱，其修己敎人，以復性爲主，充養邃密，言動咸可法。嘗曰：「自考亭以還，斯道已大明，無煩著作，直須躬行耳。」有讀書錄二十卷，平易簡切，皆自言其所得，學者宗之。天順八年六月卒，年七十有二。贈禮部尚書，謚文淸。弘治中，給事中張九功請從祀文廟，詔祀於鄉。已，給事中楊廉請頒讀書錄於國學，俾六館誦習。且請祠名，詔名「正學」。隆慶六年，允廷臣請，從祀先聖廟庭。

其弟子閻禹錫，字子與，洛陽人。父端，舉河南鄉試第一，爲教諭，卒。禹錫方九歲，哭父幾滅性。長博涉羣書，領正統九年鄉薦，除昌黎訓導。以母喪歸，廬墓三年，詔以孝行旌其閭。聞河津薛瑄講濂、洛之學，遂罷公車，往受業。久之，將歸，瑄送至里門，告之曰：「爲學之要，居敬窮理而已。」禹錫歸，得其大指，益務力行。

天順初，大學士李賢薦爲國子學正。請嚴監規以塞奔競，復武學以講備禦，帝皆從之。尋陞監丞，忤貴幸，左遷徽州府經歷。諸生伏闕乞留，不允。再遷至南京國子監丞，掌京衞武學，四爲同考官，超拜監察御史。督畿內學，取周子太極圖、通書爲士子講解，一時多士皆知嚮學。成化十二年卒，年五十一。

周蕙，字廷芳，泰州人。爲臨洮衞卒，戍蘭州。年二十，聽人講大學首章，惕然感動，遂讀書。州人段堅，薛瑄門人也，時方講學於里。蕙往聽之，與辨析，堅大服。誨以聖學，蕙乃研究五經。又從學安邑李昶。昶，亦瑄門人也，由舉人官清水教諭。學使者歎其賢，薦昶代己，命未下而卒。蕙從之久，學益邃。恭順侯吳瑾鎮陝西，欲聘爲子師，固辭不赴。或問之，蕙曰：「吾軍士也，召役則可。若以爲師，師豈可召哉？」瑾躬送二子於其家，蕙始納贄焉。後還居泰州之小泉，幅巾深衣，動必由禮。州人多化之，稱爲小泉先生。以父久遊江南不返，渡揚子江求父，舟覆溺死。

蕙門人著者，薛敬之、李錦、王爵、夏尚樸。

敬之，字顯思，渭南人。五歲好讀書，不逐羣兒戲。長從蕙游，雞鳴候門啓，輒灑掃設座，跪而請教。嘗語人曰：「周先生躬行孝弟，學近伊、洛，吾以爲師。陝州陳雲逵忠信狷介，事必持敬，吾以爲友。」憲宗初，以歲貢生入國學，與同舍陳獻章並有盛名。會父母相繼歿，號哭徒行大雪中，遂成足疾。母嗜韭，終身不食韭。成化末，選應州知州，課績爲天下第一。弘治九年遷金華同知。居二年，致仕，卒年七十四。所著有道學基統、洙泗言學錄、爾雅便音、思菴埜錄諸書。思菴者，敬之自號也。其門人呂柟最著，自有傳。

錦，字名中，咸寧人。舉天順六年鄉試。入國學，爲祭酒邢讓所知。讓坐事下吏，錦率衆抗章白其非辜。幼喪父，事母色養，執喪盡禮，不作浮屠法。巡撫余子俊欲延爲子師，錦以齊衰不入公門，固辭。所居僅蔽風雨，布衣糲食，義不妄取。成化中選松江同知，卒官。

爵，字錫之，泰州人。弘治初，由國學生授保安州判官，有平允聲。其教門人也，務以誠敬爲本。

胡居仁，字叔心，餘干人。聞吳與弼講學崇仁，往從之游，絕意仕進。其學以主忠信爲先，以求放心爲要，操而勿失，莫大乎敬，因以敬名其齋。端莊凝重，對妻子如嚴賓。手置一册，詳書得失，用自程考。鶉衣簞食，晏如也。築室山中，四方來學者甚衆，皆告之曰：「學以爲己，勿求人知。」語治世，則曰：「惟王道能使萬物各得其所。」所著有居業錄，蓋取修辭立誠之義。每言：「與吾道相似莫如禪學。後之學者，誤認存心多流於禪，或欲屏絕思慮以求靜。不知聖賢惟戒愼恐懼，自無邪思，不求靜未嘗不靜也。故卑者溺於功利，高者騖於空虛，其患有二：一在所見不眞，一在功夫間斷。」嘗作進學箴曰：「誠敬旣立，本心自存。力行旣久，全體皆仁。舉而措之，家齊國治，聖人能事畢矣。」

居仁性行淳篤，居喪骨立，非杖不能起，三年不入寢門。與人語，終日不及利祿。與羅倫、張元禎友善，數會於弋陽龜峯。嘗言，陳獻章學近禪悟，莊昶詩止豪曠，此風旣成，爲害不細。又病儒者撰述繁蕪，謂朱子註參同契、陰符經，皆不作可也。督學李齡、鍾成相繼聘主白鹿書院。過饒城，淮王請講易傳，待以賓師之禮。是時吳與弼以學名於世，受知朝廷，然學者或有閒言。居仁闇修自守，布衣終其身，人以爲薛瑄之後，粹然一出於正，居仁一人而已。卒年五十一。萬曆十三年從祀孔廟，復追謚文敬。

其弟子余祐最著。祐字子積，鄱陽人。年十九，師事居仁，居仁以女妻之。弘治十二年舉進士。爲南京刑部員外郎，以事忤劉瑾，落職。瑾誅，起爲福州知府。鎭守太監市物不予直，民羣訴於祐。祐涕泣慰遣之，云將列狀上聞。鎭守懼，稍戢，然恚甚，遣人入京告其黨曰：「不去余祐，鎭守不得自遂也。」然祐素廉，摭拾竟無所得。未幾，遷山東副使。父憂，服闋，補徐州兵備副使。中官王敬運進御物入都，多挾商船，與知州樊準、指揮王良詬。良發其違禁物，敬懼，詣祐求解，祐不聽。敬誣奏準等毆己，遂幷逮祐，謫爲南寧府同知。稍遷韶州知府，投劾去。嘉靖初，歷雲南布政使，以太僕寺卿召，未行，改吏部右侍郎，祐已先卒。

祐之學，墨守師說，在獄中作性書三卷。其言程、朱教人，專以誠敬入。學者誠能去其不誠不敬者，不患不至古人。時王守仁作朱子晚年定論，謂其學終歸於存養。祐謂：「朱子論心學凡三變，存齋記所言，乃少時所見，及見延平，而悟其失。後聞五峯之學於南軒，而其言又一變。最後改定已發未發之論，然後體用不偏，動靜交致其力，此其終身定見也。安得執少年未定之見，而反謂之晚年哉？」其辨出，守仁之徒不能難也。

蔡清，字介夫，晉江人。少走侯官，從林玭學易，盡得其肯綮。舉成化十三年鄉試第一。二十年成進士，即乞假歸講學。已，謁選，得禮部祠祭主事。王恕長吏部，重清，調爲稽勳主事，恒訪以時事。清乃上二札：一請振紀綱，一薦劉大夏等三十餘人。恕皆納用。尋以母憂歸，服闋，復除祠祭員外郎。乞便養，改南京文選郎中。一日心動，急乞假養父，歸甫兩月而父卒，自是家居授徒不出。正德改元，即家起江西提學副使。寧王宸濠驕恣，遇朔望，諸司先朝王，次日謁文廟。清不可，先廟而後王。王生辰，令諸司以朝服賀。清曰「非禮也」，去蔽膝而入，王積不悅。會王求復護衞，清有後言。王欲誣以詆毁詔旨，清遂乞休。王佯輓留，且許以女妻其子，竟力辭去。劉瑾知天下議己，用蔡京召楊時故事，起清南京國子祭酒。命甫下而清已卒，時正德三年也，年五十六。

清之學，初主靜，後主虛，故以虛名齋。平生飭躬砥行，貧而樂施，爲族黨依賴。以善易名。嘉靖八年，其子推官存遠以所著易經、四書蒙引進於朝，詔爲刊布。萬曆中追謚文莊，贈禮部右侍郎。

其門人陳琛、王宣、易時中、林同、趙逯、蔡烈並有名，而陳琛最著。琛，字思獻，晉江人，杜門獨學。清見其文異之，曰：「吾得友此人足矣。」琛因介友人見清，清曰：「吾所發憤沉潛辛苦而僅得者，以語人常不解。子已盡得之，今且盡以付子矣。」清歿十年，琛舉進士。授刑部主事，改南京戶部，就擢考功主事，乞終養歸。嘉靖七年，有薦其恬退者，詔徵之，琛辭。居一年，卽家起貴州僉事，旋改江西，皆督學校，並辭不赴。家居，却掃一室，偃臥其中，長吏莫得見其面。

同郡林希元，字懋貞，與琛同年進士。歷官雲南僉事，坐考察不謹罷歸。所著存疑等書，與琛所著易經通典、四書淺說，並爲舉業所宗。

王宣，晉江人。弘治中舉於鄉，一赴會試不第，以親老須養，不再赴。嘗曰：「學者混朱、陸爲一，便非眞知。」爲人廓落豪邁，俯視一世。

易時中，字嘉會，亦晉江人。舉於鄉，授東流敎諭，遷夏津知縣，有惠政。稍遷順天府推官。以治胡守中獄失要人意，將中以他事，遂以終養歸。道出夏津，老稚爭獻果脯。將別，有哭失聲者。母年九十一而終，時中七十矣，毀不勝喪而卒。

趙逯，字子重，東平人。弘治中舉鄉試，受易於清。蔡氏易止行於閩南，及是北行齊、魯矣。居母喪毀瘠，後會試不第，遂抗志不出。生平好濂、洛諸子之學，於明獨好薛氏讀書錄。

蔡烈，字文繼，龍溪人。父昊，瓊州知府。烈弱冠爲諸生，受知於淸及莆田陳茂烈。隱居鶴鳴山之白雲洞，不復應試。嘉靖十二年詔舉遺佚，知府陸金以烈應，以母老辭。巡按李元陽檄郡邑建書院，亦固辭。忽山鳴三日，烈遂卒。主簿詹道嘗請論心，烈曰：「宜論事。孔門求仁，未嘗出事外也。堯、舜之道，孝弟而已。夫子之道，忠恕而已。」學士豐熙戍鎭海，見烈，歎曰：「先生不言躬行，熙已心醉矣。」

羅欽順，字允升，泰和人。弘治六年進士及第，授編修。遷南京國子監司業，與祭酒章懋以實行敎士。未幾，奉親歸，因乞終養。劉瑾怒，奪職爲民。瑾誅，復官，遷南京太常少卿，再遷南京吏部右侍郎，入爲吏部左侍郎。世宗卽位，命攝尙書事。上疏言久任、超遷，法當疏通，不報。大禮議起，欽順請愼大禮以全聖孝，不報。遷南京吏部尙書，省親乞歸。改禮部尙書，會居憂未及拜。再起禮部尙書，辭。又改吏部尙書，下詔敦促，再辭。許致仕，有司給祿米。時張璁、桂萼以議禮驟貴，秉政樹黨，屛逐正人。欽順恥與同列，故屢詔不起。

里居二十餘年，足不入城市，潛心格物致知之學。王守仁以心學立教，才知之士翕然師之。欽順致書守仁，略曰：「聖門設教，文行兼資，博學於文，厥有明訓。如謂學不資於外求，但當反觀內省，則『正心誠意』四字亦何所不盡，必於入門之際，加以格物工夫哉？」守仁得書，亦以書報，大略謂：「理無內外，性無內外，故學無內外。講習討論，未嘗非內也。反觀內省，未嘗遺外也。」反復二千餘言。欽順再以書辨曰：「執事云：『格物者，格其心之物也，格其意之物也，格其知之物也。正心者，正其物之心也。誠意者，誠其物之意也。致知者，致其物之知也。』自有大學以來，未有此論。夫謂格其心之物，格其意之物，格其知之物，凡爲物也三。謂正其物之心，誠其物之意，致其物之知，其爲物也一而已矣。就三而論，以程子格物之訓推之，猶可通也。以執事格物之訓推之，不可通也。就一物而論，則所謂物，果何物耶？如必以爲意之用，雖極安排之巧，終無可通之日也。又執事論學書有云：『吾心之良知，卽所謂天理。致吾心良知之天理於事物，則事事物物皆得其理矣。致吾心之良知者，致知也。事事物物各得其理者，格物也。』審如所言，則大學當云『格物在致知』，不當云『致知在格物』，與『物格而后知至』矣。」書未及達，守仁已歿。

欽順爲學，專力於窮理、存心、知性。初由釋氏入，旣悟其非，乃力排之，謂：「釋氏之明心見性，與吾儒之盡心知性相似，而實不同。釋氏之學，大抵有見於心，無見於性。今人明心之說，混於禪學，而不知有千里毫釐之謬。道之不明，將由於此，欽順有憂焉。」爲著困知記，自號整菴。年八十三卒，贈太子太保，謚文莊。

曹端，字正夫，澠池人。永樂六年舉人。五歲見河圖、洛書，卽畫地以質之父。及長，專心性理。其學務躬行實踐，而以靜存爲要。讀宋儒太極圖、通書、西銘，歎曰：「道在是矣。」篤志研究，坐下著足處，兩甎皆穿。事父母至孝，父初好釋氏，端爲夜行燭一書進之，謂：「佛氏以空爲性，非天命之性。老氏以虛爲道，非率性之道。」父欣然從之。繼遭二親喪，五味不入口。既葬，廬墓六年。

端初讀謝應芳辨惑編，篤好之，一切浮屠、巫覡、風水、時日之說屏不用。上書邑宰，毀淫祠百餘，爲設里社、里穀壇，使民祈報。年荒勸振，存活甚衆。爲霍州學正，修明聖學。諸生服從其教，郡人皆化之，恥爭訟。知府郭晟問爲政，端曰：「其公廉乎。公則民不敢謾，廉則吏不敢欺。」晟拜受。遭艱歸，澠池、霍諸生多就墓次受學。服闋，改蒲州學正。霍、蒲兩邑各上章爭之，霍奏先得請。先後在霍十六載，宣德九年卒官，年五十九。諸生服心喪三年，霍人罷市巷哭，童子皆流涕。貧不能歸葬，遂留葬霍。二子瑜、琛，亦廬端墓，相繼死，葬墓側，後改葬澠池。

端嘗言：「學欲至乎聖人之道，須從太極上立根脚。」又曰：「爲人須從志士勇士不忘上參取。」又曰：「孔、顏之樂仁也，孔子安仁而樂在其中，顏淵不違仁而不改其樂，程子令人自得之。」又曰：「天下無性外之物，而性無不在焉。性卽理也，理之別名曰太極，曰至誠，曰至善，曰大德，曰大中，名不同而道則一。」

初，伊、洛諸儒，自明道、伊川後，劉絢、李籲輩身及二程之門，至河南許衡、洛陽姚樞講道蘇門，北方之學者翕然宗之。洎明興三十餘載，而端起崤、澠間，倡明絕學，論者推爲明初理學之冠。所著有孝經述解、四書詳說、周易乾坤二卦解義、太極圖說通書西銘釋文、性理文集、儒學宗統譜、存疑錄諸書。

霍州李德與端同時，亦講學於其鄉。及見端，退語諸生曰：「學不厭，敎不倦，曹子之盛德也。至其知古今，達事變，末學鮮或及之。古云『得經師易，得人師難』，諸生得人師矣。」遂避席去。端亦高其行誼，命諸生延致之，講明正學。初，端作川月交映圖擬太極，學者稱月川先生。及歿，私謚靜修。正德中，尙書彭澤、河南巡撫李楨請從祀孔子廟庭，不果。

吳與弼，字子傳，崇仁人。父溥，建文時爲國子司業，永樂中爲翰林修撰。與弼年十九，見伊洛淵源圖，慨然嚮慕，遂罷舉子業，盡讀四子、五經、洛閩諸錄，不下樓者數年。中歲家益貧，躬親耕稼，非其義，一介不取。四方來學者，約己分少，飲食、教誨不倦。正統十一年，山西僉事何自學薦於朝，請授以文學高職。後御史涂謙、撫州知府王宇復薦之，俱不出。嘗歎曰：「宦官、釋氏不除，而欲天下治平，難矣。」景泰七年，御史陳述又請禮聘與弼，俾侍經筵，或用之成均，教育冑子。詔江西巡撫韓雍備禮敦遣，竟不至。

天順元年，石亨欲引賢者爲己重，謀於大學士李賢，屬草疏薦之。帝乃命賢草敕加束帛，遣行人曹隆，賜璽書，齎禮幣，徵與弼赴闕。比至，帝問賢曰：「與弼宜何官？」對曰：「宜以宮僚，侍太子講學。」遂授左春坊左諭德，與弼疏辭。賢請賜召問，且與館次供具。於是召見文華殿，顧語曰：「聞處士義高，特行徵聘，奚辭職爲？」對曰：「臣草茅賤士，本無高行，陛下垂聽虛聲，又不幸有狗馬疾。束帛造門，臣慚被異數，匍匐京師，今年且六十八矣，實不能官也。」帝曰：「宮僚優閒，不必辭。」賜文綺酒牢，遣中使送館次。顧謂賢曰：「此老非迂濶者，務令就職。」時帝眷遇良厚，而與弼辭益力。又疏稱：「學術荒陋，苟冒昧徇祿，必且曠官。」詔不許。乃請以白衣就邸舍，假讀秘閣書。帝曰：「欲觀秘書，勉受職耳。」命賢爲諭意。與弼留京師二月，以疾篤請。賢請曲從放還，始終恩禮，以光曠舉。帝然之，賜敕慰勞，賚銀幣，復遣行人送還，命有司月給米二石。與弼歸，上表謝，陳崇聖志、廣聖學等十事。成化五年卒，年七十九。

與弼始至京，賢推之上座，以賓師禮事之。編修尹直至，令坐於側。直大慍，出即謗與弼。及與弼歸，知府張璝謁見不得，大恚。募人代其弟投牒訟與弼，立遣吏攝之，大加侮慢，始遣還。與弼諒非弟意，友愛如初。編修張元禎不知其始末，〔三〕遺書誚讓，有「上告素王，正名討罪，豈容先生久竊虛名」語。直復筆其事於瑣綴錄。又言與弼跋亨族譜，自稱門下士，士大夫用此訾與弼。後顧允成論之曰：「此好事者爲之也。」與弼門人後皆從祀，而與弼竟不果。所著日錄，悉自言生平所得。

其門人最著者曰胡居仁、陳獻章、婁諒，次曰胡九韶、謝復、鄭伉。

胡九韶，字鳳儀，少從與弼學。諸生來學者，與弼令先見九韶。及與弼歿，門人多轉師之。家貧，課子力耕，僅給衣食。成化中卒。

謝復，字一陽，祁門人。聞與弼倡道，棄科舉業從之游。身體力行，務求自得。居家孝友，喪祭冠婚，悉遵古禮。或問學，曰：「知行並進，否則落記誦詁訓矣。」晚卜室西山之麓，學者稱西山先生。弘治末年卒，年六十五。

鄭伉，字孔明，常山人。爲諸生，試有司，不偶，卽棄去，師與弼。辭歸，日究諸儒論議，一切折衷於朱子。事親孝。設義學，立社倉，以惠族黨。所著易義發明、讀史管見、觀物餘論、蛙鳴集，多燼於火。

陳眞晟，字晦德，漳州鎭海衞人。初治舉赴鄉試，聞有司防察過嚴，無待士禮，恥之。棄去，由是篤志聖賢之學。讀大學或問，見朱子重言主敬，知「敬」爲大學始基。又得程子主一之說，專心克治，歎曰：「大學，誠意爲鐵門關，主一二字，乃其玉鑰匙也。」天順二年詣闕上程朱正學纂要。其書首取程氏學制，次采朱子論說，次作二圖，一著聖人心與天地同運，一著學者之心法天之運，終言立明師、輔皇儲、隆敎本數事，以畢圖說之意。書奏，下禮部議，侍郎鄒幹寢其事。眞晟歸，聞臨川吳與弼方講學，欲就問之。過南昌，張元禎止之宿，與語，大推服曰：「斯道自程、朱以來，惟先生得其眞。如康齋者，不可見，亦不必見也。」遂歸閩，潛思靜坐，自號漳南布衣。卒於成化十年，年六十四。

眞晟學無師承，獨得於遺經之中。自以僻處海濱，出而訪求當世學者，雖未與與弼相證，要其學頗似近之。

呂柟，字仲木，高陵人，別號涇野，學者稱涇野先生。正德三年登進士第一，授修撰。劉瑾以柟同鄉欲致之，謝不往。又因西夏事，疏請帝入宮親政事，潛消禍本。瑾惡其直，欲殺之，引疾去。瑾誅，以薦復官。乾清宮災，應詔陳六事，其言除義子，遣番僧，取回鎭守太監，尤人所不敢言。是年秋，以父病歸。都御史盛應期，御史朱節、熊相、曹珪累疏薦。適世宗嗣位，首召柟。上疏勸勤學以爲新政之助，略曰：「克己愼獨，上對天心，親賢遠讒，下通民志，庶太平之業可致。」

大禮議興，與張、桂忤。以十三事自陳，中以大禮未定，諂言日進，引爲己罪。上怒，下詔獄，謫解州判官，攝行州事。恤煢獨，減丁役，勸農桑，興水利，築隄護鹽池，行呂氏鄉約及文公家禮，求子夏後，建司馬溫公祠。四方學者日至，御史爲闢解梁書院以居之。三年，御史盧煥等累薦，陞南京宗人府經歷，歷官尙寶司卿。吳、楚、閩、越士從者百餘人。晉南京太僕寺少卿。太廟災，乞罷黜，不允。選國子監祭酒，晉南京禮部右侍郎，署吏部事。帝將躬祀顯陵，累疏勸止，不報。值天變，遂乞致仕歸。年六十四卒，高陵人爲罷市者三日。解梁及四方學者聞之，皆設位，持心喪。訃聞，上輟朝一日，賜祭葬。

柟受業渭南薛敬之，接河東薛瑄之傳，學以窮理實踐爲主。官南都，與湛若水、鄒守益共主講席。仕三十餘年，家無長物，終身未嘗有惰容。時天下言學者，不歸王守仁，則歸湛若水，獨守程、朱不變者，惟柟與羅欽順云。所著有四書因問、易說翼、書說要、詩說序、春秋說志、禮問內外篇、史約、小學釋、寒暑經圖解、史館獻納、宋四子抄釋、南省奏稾、涇野詩文集。萬曆、崇禎間，李禎、趙錦、周子義、王士性、蔣德璟先後請從祀孔廟，下部議，未及行。

柟弟子，涇陽呂潛，字時見，舉於鄉。官工部司務。張節，字介夫。咸寧李挺，字正五。皆有學行。

潛里人郭郛，字維藩，由舉人官馬湖知府。藍田王之士，字欲立。由舉人以趙用賢薦，授國子博士。兩人不及柟門，亦秦士之篤學者也。

邵寶，字國賢，無錫人。年十九，學於江浦莊㫤。成化二十年舉進士，授許州知州。月朔，會諸生於學宮，講明義利公私之辨。正潁考叔祠墓。改魏文帝廟以祠漢愍帝，不稱獻而稱愍，從昭烈所謚也。巫言龍骨出地中爲禍福，寶取骨，毀於庭，杖巫而遣之。躬課農粟，倣朱子社倉，立積散法，行計口澆田法，以備凶荒。

弘治七年入爲戶部員外郎，歷郎中，遷江西提學副使。釋菜周元公祠。修白鹿書院學舍，處學者。其教，以致知力行爲本。江西俗好陰陽家言，有數十年不葬父母者。寶下令，士不葬親者不得與試，於是相率舉葬，以千計。寧王宸濠索詩文，峻却之。後宸濠敗，有司校勘，獨無寶跡。遷浙江按察使，再遷右布政使。與鎭守太監勘處州銀礦，寶曰：「費多獲少，勞民傷財，慮生他變。」卒奏寢其事。進湖廣布政使。

正德四年擢右副都御史，總督漕運。劉瑾擅政，寶至京，絕不與通。瑾怒漕帥平江伯陳熊，欲使寶劾之，遣校尉數輩要寶左順門，危言恐之曰：「行逮汝。」張綵、曹元自內出，語寶曰：「君第劾平江，無後患矣。」寶曰：「平江功臣後，督漕未久，無大過，不知所劾。」二人默然出。越三日，給事中劾熊併及寶，勒致仕去。

瑾誅，起巡撫貴州，尋遷戶部右侍郎，進左侍郎。命兼左僉都御史，處置糧運。及會勘通州城濠歸，奏稱旨。尋疏請終養歸，御史唐鳳儀、葉忠請用之留都便養，乃拜南京禮部尚書，再疏辭免。世宗卽位，起前官，復以母老懇辭。許之，命有司以禮存問。久之卒，贈太子太保，諡文莊。

寶三歲而孤，事母過氏至孝。甫十歲，母疾，爲文告天，願減己算延母年。及終養歸，得疾，左手不仁，猶朝夕侍親側不懈。學以洛、閩爲的，嘗曰：「吾願爲眞士大夫，不願爲假道學。」舉南畿，受知於李東陽。爲詩文，典重和雅，以東陽爲宗。至於原本經術，粹然一出於正，則其所自得也。博綜羣籍，有得則書之簡，取程子「今日格一物，明日格一物」之義，名之曰日格子。所著學史、簡端二錄，巡撫吳廷舉上於朝，外定性書說、漕政舉要諸集若干卷。學者稱二泉先生。

其門人，同邑王問，字子裕，以學行稱。嘉靖十七年成進士。授戶部主事，監徐州倉，減羨耗十二三。以父老，乞便養，改南京職方，遷車駕郎中、廣東僉事。行未半道，乞養歸。父卒，遂不復仕。築室湖上，讀書三十年，不履城市，數被薦不起。工詩文書畫，淸修雅尙，士大夫皆慕之。卒年八十，門人私謚曰文靜先生。

子鑑，字汝明。嘉靖末年進士。累官吏部稽勳郎中。念父老，謝病歸，奉養不離側。父歿久之，進尙寶卿，改南京鴻臚卿，引年乞休。進太僕卿，致仕。鑑亦善畫，有言勝其父者，遂終身不復作。

楊廉，字方震，豐城人。父崇，永州知府，受業吳與弼門人胡九韶。廉承家學，早以文行稱。舉成化末年進士，改庶吉士。

弘治三年授南京戶科給事中。明年，京師地震，劾用事大臣。五年以災異上六事。一，經筵停罷時，宜日令講官更直待問。二，召用言事遷謫官，不當限臺諫及登極以後。三，治兩浙、三吳水患，停額外織造。四，召林下恬退諸臣。五，删法司條例。六，災異策免大臣，末言，遇大政，宜召大臣面議，給事、御史隨入駁正。帝頗納之。吏部尚書王恕被讒，廉請斥讒邪，無爲所惑。母喪，服闋，起任刑科。請祀薛瑄，取讀書錄貯國學。明年三月有詔以下旬御經筵。廉言：「故事，經筵一月三舉，苟以月終起以月初罷，則進講有幾？且經筵啓而後日講繼之，今遲一日之經筵，即輟一旬之日講也。」報聞。以父老欲便養，復改南京兵科。中貴李廣死，得廷臣通賄籍。言官劾賄者，帝欲究而中止。廉率同官力爭，竟不納。已，請申明祀典，謂宋儒周、程、張、朱從祀之位，宜居漢、唐諸儒上。闕里廟，當更立木主。大成本樂名，不合謚法。皆不果行。遷南京光祿少卿。

正德初，就改太僕，歷順天府尹。時京軍數出，車費動數千金，廉請大輿遞運所餘銀供之。奏免夏稅萬五千石，廬州縣巧取民財，置歲辦簿，吏無能爲奸。乾淸宮災，極陳時政缺失，疏留中。明年擢南京禮部右侍郎。上疏諫南巡，不報。帝駐南京，命百官戎服朝見。

廉不可，乞用常儀，更請謁見太廟，俱報許。世宗卽位，就遷尙書。

廉與羅欽順善，爲居敬窮理之學，文必根六經，自禮樂、錢穀至星曆、算數，具識其本末。學者稱月湖先生。嘗以帝王之道莫切於大學，自爲給事卽上言，進講宜先大學衍義，至是首進大學衍義節略。帝優詔答之。疏論大禮，引程頤、朱熹言爲證，且言：「今異議者率祖歐陽修。然修於考之一字，雖欲加之於濮王，未忍絕之於仁宗。今乃欲絕之於孝廟，此又修所不忍言者。」報聞。八疏乞休，至嘉靖二年，賜敕、馳驛，給夫廩如制。家居二年卒，年七十四。贈太子少保，謚文恪。

劉觀，字崇觀，吉水人。正統四年成進士。方年少，忽引疾告歸。尋丁內艱，服除，終不出。杜門讀書，求聖賢之學。四方來問道者，坐席嘗不給。縣令劉成爲築書院於虎丘山，名曰「養中」。平居，飯脫粟，服澣衣，翛然自得。每日端坐一室，無惰容。或勸之仕，不應。又作勤、儉、恭、恕四箴，以敎其家，取呂氏鄉約表著之，以敎其鄉。冠婚喪祭，悉如朱子家禮。〔三〕族有孤嫠不能自存者周之。或請著述，曰：「朱子及吳文正之言，尊信之足矣，復何言。」吳與弼，其鄰郡人也，極推重之。

觀前有孫鼎，廬陵人。永樂中爲松江府教授，以孝弟立教。後督學南畿，人稱爲貞孝先生。又有李中，吉水人，官副都御史，號谷平先生，在觀後。是爲吉水三先生。

馬理，字伯循，三原人。同里尚書王恕家居，講學著書，理從之遊，得其指授。楊一清督學政，見理與呂柟、康海文，大奇之，曰：「康生之文章，馬生、呂生之經學，皆天下士也。」登鄉薦，入國學，與柟及林慮馬卿，榆次寇天敍，安陽崔銑、張士隆，同縣秦偉，日切劘於學，名震都下。高麗使者慕之，錄其文以去。連遭艱，不預試。安南使者至，問主事黃清曰：「關中馬理先生安在，何不仕也？」其爲外裔所重如此。

正德九年舉進士。一清爲吏部尚書，卽擢理稽勳主事。調文選，請告歸。起考功主事，偕郎中張衍瑞等諫南巡。詔跪闕門，予杖奪俸。未幾，復告歸。教授生徒，從游者衆。嘉靖初，起稽勳員外郎，與郎中余寬等伏闕爭大禮。下詔獄，再予杖奪俸。屢遷考功郎中。故戶部郎中莊繹者，正德時首道劉瑾斂天下庫藏。瑾敗，落職。至是奏辨求復，當路者屬理，理力持不可，寢其事。五年大計外吏，大學士賈詠、吏部尚書廖紀以私憾欲去廣東副使魏校、河南副使蕭鳴鳳、陝西副使唐龍。理力爭曰：「三人督學政，名著天下，必欲去三人，請先去理。」乃止。明年大計京官，黜張璁、桂萼黨吏部郞中彭澤，璁、萼竟取旨留之。理擢南京通政參議，請急去。居三年，起光祿卿，未幾告歸。閱十年，復起南京光祿卿，尋引年致仕。三十四年，陝西地震，理與妻皆死。

理學行純篤，居喪取古禮及司馬光書儀、朱熹家禮折衷用之，與呂柟並爲關中學者所宗。穆宗立，贈右副都御史。天啓初，追謚忠憲。

魏校，字子才，崑山人。其先本李姓，居蘇州葑門之莊渠，因自號「莊渠」。弘治十八年成進士。歷南京刑部郞中。守備太監劉郞藉劉瑾勢張甚，或自判狀送法司，莫敢抗者。校直行己意，無所徇。改兵部郞中，移疾歸。嘉靖初，起爲廣東提學副使。丁憂，服闋，補江西兵備副使。累遷國子祭酒，太常卿，尋致仕。

校私淑胡居仁主敬之學，而貫通諸儒之說，擇執尤精。嘗與余祐論性，略曰：「天地者，陰陽五行之本體也，故理無不具。人物之性，皆出於天地，然而人得其全，物得其偏。」又曰：「古聖賢論性有二：其一，性與情對言，此是性之本義，直指此理而言。其一，性與習對言，但取生字爲義，非性之所以得名，蓋曰天所生爲性，人所爲曰習耳。先儒因『性相近』一語，遂謂性兼氣質而言，不知人性上下不可添一物，纔著氣質，便不得謂之性矣。荀子論性惡，揚子論性善惡混，韓子論性有三品，衆言淆亂，必折之聖。若謂夫子『性相近』一言，正論性之所以得名，則前後說皆不謬於聖人，而孟子道性善，反爲一偏之論矣。孟子見之分明，故言之直捷，但未言性爲何物，故荀、揚、韓諸儒得以其說亂之。伊川一言以斷之，曰『性，卽理也』，則諸說皆不攻自破矣。」所著有大學指歸、六書精蘊。卒，謚恭簡。唐順之、王應電、王敬臣，皆其弟子也。順之，自有傳。

王應電，字昭明，崑山人。受業於校，篤好周禮，謂周禮自宋以後，胡宏、季本各著書，指摘其瑕舋至數十萬言。而余壽翁、吳澄則以爲冬官未嘗亡，雜見於五官中，而更次之。近世何喬新、陳鳳梧、舒芬亦各以己意更定。然此皆諸儒之周禮也。覃研十數載，先求聖人之心，溯斯禮之源；次考天象之文，原設官之意，推五官離合之故，見綱維統體之極。因顯以探微，因細而繹大，成周禮傳詁數十卷。以爲百世繼周而治，必出於此。嘉靖中，家燬於兵燹，流寓江西泰和。以其書就正羅洪先，洪先大服。翰林陳昌積以師禮事之。胡松撫江西，刊行於世。

應電又研精字學，據說文所載譌謬甚者，爲之訂正，名曰經傳正譌。又著同文備考、書法指要、六義音切貫珠圖、六義相關圖。卒於泰和。昌積爲經紀其喪，歸之崑山。

時有李如玉者，同安儒生，亦精於周禮，爲會要十五卷。嘉靖八年詣闕上之，得旨嘉獎，賜冠帶。

王敬臣，字以道，長洲人，江西參議庭子也。十九爲諸生，受業於校。性至孝，父疽發背，親自吮舐。老得瞀眩疾，則臥於榻下，夜不解衣，微聞謦欬聲，卽躍起問安。事繼母如事父，妻失母歡，不入室者十三載。初，受校默成之旨，嘗言議論不如著述，著述不如躬行，故居常杜口不談。自見耿定向，語以聖賢無獨成之學，由是多所誘掖，弟子從游者至四百餘人。其學，以愼獨爲先，而指親長之際、衽席之間爲愼獨之本，尤以標立門戶爲戒。鄉人尊爲少湖先生。

萬曆中，以廷臣薦，徵授國子博士，辭不行。詔以所授官致仕。二十一年，巡按御史甘士价復薦。吏部以敬臣年高，請有司時加優禮，詔可。年八十五而終。

周瑛，字梁石，莆田人。成化五年進士。知廣德州，以善政聞，賜敕旌異。遷南京禮部郎中，出爲撫州知府，調知鎮遠。秩滿，省親歸。弘治初，吏部尚書王恕起瑛四川參政，久之，進右布政使，咸有善績，尤勵清節。給事、御史交章薦，大臣亦多知瑛，而瑛以母喪歸。服除，遂引年乞致仕。孝宗嘉之，詔進一階。正德中卒，年八十七。

瑛始與陳獻章友，獻章之學主於靜。瑛不然之，謂學當以居敬爲主，敬則心存，然後可以窮理。自六經之奧，以及天地萬物之廣，皆不可不窮。積累既多，則能通貫，而於道之一本，亦自得之矣，所謂求諸萬殊而後一本可得也。學者稱翠渠先生。子大謨，登進士，未仕卒。

潘府，字孔修，上虞人。成化末進士。值憲宗崩，孝宗踐阼甫二十日，禮官請衰服御西角門視事，明日釋衰易素，翼善冠、麻衣腰絰。帝不許，命俟二十七日後行之。至百日，帝以大行未葬，麻衣衰絰如故。府因上疏請行三年喪，略言：「子爲父，臣爲君，皆斬衰三年，仁之至，義之盡也。漢文帝遺詔短喪，止欲便天下臣民，景帝遂自行之，使千古綱常一墜不振。晉武帝欲行而不能，魏孝文行之而不盡，宋孝宗銳志復古，易月之外，猶執通喪，然不能推之於下，未足爲聖王達孝也。先帝奄棄四海，臣庶銜哀，陛下惻怛由衷，麻衣視朝，百日未改。望排羣議，斷自聖心，執喪三年一如三代舊制。詔禮官參考載籍，使喪不廢禮，朝不廢政，勒爲彝典，傳之子孫，豈不偉哉。」疏入，衰絰待罪。詔輔臣會禮官詳議，並持成制，寢不行。

謁選，得長樂知縣，教民行朱子家禮。躬行郊野，勞問疾苦，田夫野老咸謂府親己，就求筆札，府輒欣然與之。遷南京兵部主事，陳軍民利病七事。父喪除，補刑部。値旱蝗、星變，北寇深入，孔廟災，疏請內修外攘，以謹天戒。又上救時十要。以便養乞南，改南京兵部，遷武選員外郎。尙書馬文升知其賢，超拜廣東提學副使。雲南晝晦七日，楚婦人鬚長三寸，上弭災三術。以母老乞休，不待命輒歸。已而吏部尙書楊一淸及巡按御史吳華屢薦其學行，終不起。

嘉靖改元，言官交薦，起太僕少卿，改太常，致仕。旣歸，屏居南山，布衣蔬食，惟以發明經傳爲事。時王守仁講學其鄉，相去不百里，頗有異同。嘗曰：「居官之本有三：薄奉養，廉之本也；遠聲色，勤之本也；去讒私，明之本也。」又曰：「薦賢當惟恐後，論功當惟恐先。」年七十三卒。故事，四品止予祭。世宗重府孝行，特詔予葬。

崔銑，字子鍾，安陽人。父陞，官參政。銑舉弘治十八年進士，選庶吉士，授編修。預修孝宗實錄，與同官見太監劉瑾，獨長揖不拜，由是忤瑾。書成，出爲南京吏部主事。瑾敗，召復故官，充經筵講官，進侍讀。引疾歸，作後渠書屋，讀書講學其中。

世宗卽位，擢南京國子監祭酒。嘉靖三年集議大禮，久不決。大學士蔣冕、尚書汪俊俱以執議去位，其他擯斥杖戍者相望，而張璁、桂萼等驟貴顯用事。銑上疏求去，且劾璁、萼等曰：「臣究觀議者，其文則歐陽修之唾餘，其情則承望意嚮，求勝無已。悍者危法以激怒，柔者甘言以動聽。非有元功碩德，而遽以官賞之，得毋使僥倖之徒踵接至與？臣聞天子得四海歡心以事其親，未聞僅得一二人之心者也。賞之，適自章其私昵而已。夫守道爲忠，忠則逆旨；希旨爲邪，邪則畔道。今忠者日疏，而邪者日富。一邪亂邦，況可使富哉！」帝覽之不悅，令銑致仕。閱十五年，用薦起少詹事兼侍讀學士，擢南京禮部右侍郎。未幾疾作，復致仕。卒，贈禮部尚書，謚文敏。

銑少輕俊，好飮酒，盡數斗不亂。中歲自厲於學，言動皆有則。嘗曰：「學在治心，功在愼動。」〔四〕又曰：「孟子所謂良知良能者，心之用也。愛親敬長，性之本也。若去良能，而獨挈良知，是霸儒也。」又嘗作政議十篇，其序曰：「三代而上，井田封建，其民固，故道易行；

三代而下，阡陌郡縣，其民散，故道難成。況沿而下趨至今日乎。然人心弗異，係乎主之者而已。」凡篇中所論說，悉倣此意。世多有其書，故不載。

何瑭，字粹夫，武陟人。年七歲，見家有佛像，抗言請去之。十九讀許衡、薛瑄遺書，輒欣然忘寢食。弘治十五年成進士，選庶吉士。閣試克己復禮爲仁論，有曰：「仁者，人也。禮則人之元氣而已，則見侵於風寒暑濕者也。人能無爲邪氣所勝，則元氣復，元氣復而其人成矣。」宿學咸推服焉。劉瑾竊政，一日贈翰林川扇，有入而拜見者。瑭時官修撰，獨長揖。瑾怒，不以贈。受贈者復拜謝，瑭正色曰：「何僕僕也！」瑾大怒，詰其姓名。瑭直應曰：「修撰何瑭。」知必不爲瑾所容，乃累疏致仕。後瑾誅，復官。以經筵觸忌諱，謫開州同知。修黃陵岡隄成，擢東昌府同知，乞歸。

嘉靖初，起山西提學副使，以父憂不赴。服闋，起提學浙江。敦本尙實，士氣丕變。未幾，晉南京太常少卿。與湛若水等修明古太學之法，學者翕然宗之。歷工、戶、禮三部侍郎，晉南京右都御史，未幾致仕。

是時，王守仁以道學名於時，瑭獨默如。嘗言陸九淵、楊簡之學，流入禪宗，充塞仁義。

後學未得游、夏十一，而議論卽過顏、曾，此吾道大害也。里居十餘年，敎子姓以孝弟忠信，一介必嚴。兩執親喪，皆哀毁。後諡文定。所著陰陽律呂、儒學管見、柏齋集十二卷，皆行於世。

唐伯元，字仁卿，澄海人。萬曆二年進士。歷知萬年、泰和二縣，並有惠政，民生祠之。遷南京戶部主事，進郎中。

伯元受業永豐呂懷，踐履篤實，而深疾王守仁新說。及守仁從祀文廟，上疏爭之。因請黜陸九淵，而躋有若及周、程、張、朱五子於十哲之列，祀羅欽順、章懋、呂柟、魏校、呂懷、蔡清、羅洪先、王艮於鄉。疏方下部，旋爲南京給事中鍾宇淳所駁，伯元謫海州判官。屢遷尚寶司丞。吏部尙書楊巍雅不喜守仁學，心善伯元前疏，用爲吏部員外郎。歷考功、文選郎中，佐尙書孫丕揚澄淸吏治，苞苴不及其門。秩滿，推太常少卿，未得命。時吏部推補諸疏皆留中，伯元言：「賢愚同滯，朝野咨嗟，由臣擬議不當所致，乞賜罷斥。」帝不懌，特允其去，而諸疏仍留不下。居二年，甄別吏部諸郎，帝識伯元名，命改南京他部，而伯元已前卒。

伯元淸苦淡薄，人所不堪，甘之自如，爲嶺海士大夫儀表。

黃淳耀，字蘊生，嘉定人。爲諸生時，深疾科舉文浮靡淫麗，乃原本六經，一出以典雅。名士爭務聲利，獨澹漠自甘，不事徵逐。崇禎十六年成進士。歸益研經籍，縕袍糲食，蕭然一室。

京師陷，福王立南都，諸進士悉授官，淳耀獨不赴選。及南都亡，嘉定亦破。慷然太息，偕弟淵耀入僧舍，將自盡。僧曰：「公未服官，可無死。」淳耀曰：「城亡與亡，豈以出處貳心。」乃索筆書曰：「弘光元年七月二十四日，進士黃淳耀自裁於城西僧舍。嗚呼！進不能宣力王朝，退不能潔身自隱，讀書寡益，學道無成，耿耿不寐，此心而已。」遂與淵耀相對縊死，年四十有一。

淳耀弱冠卽著自監錄、知過錄，有志聖賢之學。後爲日曆，晝之所爲，夜必書之。凡語言得失，念慮純雜，無不備識，用自省改。晚而充養和粹，造詣益深。所作詩古文，悉軌先正，卓然名家。有陶菴集十五卷。其門人私謚之曰貞文。

淵耀，字偉恭，諸生，好學敦行如其兄。

校勘記

〔一〕春秋經傳附錄纂疏　本書卷九九藝文志、四庫全書總目卷二八、稽黃續文獻通考卷一五三都作春秋胡傳附錄纂疏。

〔二〕編修張元楨不知其始末　張元楨，本卷陳眞晟傳有張元禎，又本書卷一八四有張元禎傳，天順時官編修，與本傳合，疑當作「張元禎」。

〔三〕悉如朱子家禮　原脫「禮」字，據明史稿傳一五八劉觀傳補。

〔四〕功在愼動　明史稿傳一五九崔銑傳作「功在愼獨」。

明史卷二百八十三

列傳第一百七十一

儒林二

陳獻章 李承箕 張詡　婁諒 夏尚樸　賀欽　陳茂烈　湛若水 蔣信等
鄒守益 子善等　錢德洪 徐愛等　王畿 王艮等　歐陽德 族人瑜
羅洪先 程文德　吳悌 子仁度　何廷仁 劉邦采　魏良政等
王時槐　許孚遠　尤時熙 張後覺等　鄧以讚 張元忭
孟化鯉 孟秋　來知德　鄧元錫 劉元卿　章潢

陳獻章，字公甫，新會人。舉正統十二年鄉試，再上禮部，不第。從吳與弼講學。居半載歸，讀書窮日夜不輟。築陽春臺，靜坐其中，數年無戶外跡。久之，復游太學。祭酒邢讓試和楊時此日不再得詩一篇，驚曰：「龜山不如也。」颺言於朝，以爲眞儒復出。由是名震京師。給事中賀欽聽其議論，卽日抗疏解官，執弟子禮事獻章。獻章既歸，四方來學者日進。廣東布政使彭韶、總督朱英交薦。召至京，令就試吏部。屢辭疾不赴，疏乞終養，授翰林院檢討以歸。至南安，知府張弼疑其拜官，與與弼不同。對曰：「吳先生以布衣爲石亨所薦，故不受職而求觀祕書，冀在開悟主上耳。時宰不悟，先令受職然後觀書，殊戾先生意，遂決去。獻章聽選國子生，何敢僞辭釣虛譽。」自是屢薦，卒不起。

獻章之學，以靜爲主。其教學者，但令端坐澄心，於靜中養出端倪。或勸之著述，不答。嘗自言曰：「吾年二十七，始從吳聘君學，於古聖賢之書無所不講，然未知入處。比歸白沙，專求用力之方，亦卒未有得。於是舍繁求約，靜坐久之，然後見吾心之體隱然呈露，日用應酬隨吾所欲，如馬之御勒也。」其學灑然獨得，論者謂有鳶飛魚躍之樂，而蘭谿姜麟至以爲「活孟子」云。

獻章儀幹修偉，右頰有七黑子。母年二十四守節，獻章事之至孝。母有念，輒心動卽歸。弘治十三年卒，年七十三。萬曆初，從祀孔廟，追謚文恭。

門人李承箕，字世卿，嘉魚人。成化二十二年舉鄉試。往師獻章，獻章日與登涉山水，投壺賦詩，縱論古今事，獨無一語及道。久之，承箕有所悟，辭歸，隱居黃公山，不復仕。與兄進士承芳，皆好學，稱嘉魚二李。卒年五十四。

張詡，字廷實，南海人，亦師事獻章。成化二十年舉進士，授戶部主事。尋丁憂，累薦不起。正德中，召爲南京通政司參議，一謁孝陵卽告歸。獻章謂其學以自然爲宗，以忘己爲大，以無欲爲至。卒年六十。

婁諒，字克貞，上饒人。少有志絕學。聞吳與弼在臨川，往從之。一日，與弼治地，召諒往視，云學者須親細務。諒素豪邁，由此折節。雖掃除之事，必身親之。景泰四年舉於鄉。天順末，選爲成都訓導。尋告歸，閉門著書，成日錄四十卷、三禮訂訛四十卷。謂周禮皆天子之禮，爲國禮，儀禮皆公卿大夫士庶人之禮，爲家禮。以禮記爲二經之傳，分附各篇，如冠禮附冠義之類。不可附各篇者，各附一經之後。不可附一經者，總附二經之後。其爲諸儒附會者，以程子論黜之。著春秋本意十二篇，不採三傳事實，言：「是非必待三傳而後明，是春秋爲棄書矣。」其學以收放心爲居敬之門，以何思何慮、勿忘勿助爲居敬要旨。然其時胡居仁頗譏其近陸子，後羅欽順亦謂其似禪學云。

子忱，字誠善，傳父學。女爲寧王宸濠妃，有賢聲，嘗勸王毋反。王不聽，卒反。諒子姓皆捕繫，遺文遂散軼矣。

門人夏尚樸，字敦夫，廣信永豐人。正德初，會試赴京。見劉瑾亂政，慨然歎曰：「時事如此，尚可干進乎？」不試而歸。六年成進士，授南京禮部主事。歲饑，條上救荒數事。再遷惠州知府，投劾歸。嘉靖初，起山東提學副使。擢南京太僕少卿，與魏校、湛若水輩日相講習。言官劾大學士桂萼，語連尚樸。吏部尚書方獻夫白其無私，尋引疾歸。早年師諒，傳主敬之學，常言「纔提起，便是天理。纔放下，便是人欲」。魏校亟稱之。所著有中庸語、東巖文集。王守仁少時，亦嘗受業於諒。

賀欽，字克恭，義州衞人。少好學，讀近思錄有悟。成化二年以進士授戶科給事中。已而師事陳獻章。〔一〕既歸，肖其像事之。

弘治改元，用閣臣薦，起爲陝西參議。檄未至而母死，乃上疏懇辭，且陳四事。一，謂今日要務莫先經筵，當博訪眞儒，以資啓沃。二，薦檢討陳獻章學術醇正，稱爲大賢，宜以非常之禮起之，或俾參大政，或任經筵，以養君德。三，內官職掌，載在祖訓，不過備灑掃、司啓閉而已。近如王振、曹吉祥、汪直等，或參預機宜，干政令，招權納寵，邀功啓釁。或引左道，進淫巧，以蕩上心。誤國殃民，莫此爲甚。宜愼飭將來，內不使干預政事，外不使鎭守地方掌握兵權。四，興禮樂以化天下。「陛下紹基之初，舉行朱子喪葬之禮，而頽敗之俗因仍不改，乞申明正禮，革去教坊俗樂，以廣治化。」疏凡數萬言。奏入，報聞。

正德四年，劉瑾括遼東田，東人震恐，而義州守又貪橫，民變，聚衆劫掠。顧相戒曰：「毋驚賀黃門。」欽聞之，急諭禍福，以身任之，亂遂定。

欽學不務博涉，專讀四書、六經、小學，期於反身實踐。謂爲學不必求之高遠，在主敬以收放心而已。卒年七十四。

子士諮，鄉貢士，嘗陳十二事論王政，不報。終身不仕。

陳茂烈，字時周，莆田人。年十八，作省克錄，謂顏之克己，曾之日省，學之法也。弘治八年舉進士。奉使廣東，受業陳獻章之門，獻章語以主靜之學。退而與張詡論難，作靜思錄。尋授吉安府推官，考績過淮，寒無絮衣，凍幾殆。入爲監察御史，袍服朴陋，乘一疲馬，人望而敬之。

以母老終養。供母之外，不辦一帷。治畦汲水，身自操作。太守聞其勞，進二卒助之，三日遣之還。吏部以其貧，祿以晉江教諭，不受。又奏給月米，上書言：「臣素貧，食本儉薄，故臣母自安於臣之家，而臣亦得以自逭其貧，非有及人之廉，盡己之孝也。古人行傭負米，皆以爲親，臣之貧尚未至是。而臣母鞠臣艱苦，今年八十有六，來日無多。臣欲自盡心力，尚恐不及，上煩官帑，心竊未安。」奏上，不允。母卒，茂烈亦卒。

茂烈爲諸生時，韓文問莆田人物於林俊，曰：「從吾。」謂彭時也。又問，曰：「時周。」且曰：「與時周語，沉痾頓去。」其爲所重如此。

湛若水，字元明，增城人。弘治五年舉於鄉，從陳獻章游，不樂仕進。母命之出，乃入南京國子監。十八年會試，學士張元禎、楊廷和爲考官，撫其卷曰：「非白沙之徒不能爲此。」置第二。賜進士，選庶吉士，授翰林院編修。時王守仁在吏部講學，若水與相應和。尋丁母憂，廬墓三年。築西樵講舍，士子來學者，先令習禮，然後聽講。嘉靖初，入朝，上經筵講學疏，謂聖學以求仁爲要。已，復上疏言：「陛下初政，漸不克終。左右近侍爭以聲色異教蠱惑上心。大臣林俊、孫交等不得守法，多自引去，可爲寒心。

亟請親賢遠奸，窮理講學，以隆太平之業。」又疏言日講不宜停止，報聞。明年進侍讀，復疏言：「一二年間，天變地震，山崩川湧，人饑相食，殆無虛月。夫聖人不以屯否之時而後親賢之訓，明醫不以深錮之疾而廢元氣之劑，宜博求修明先王之道者，日侍文華，以裨聖學。」已，遷南京國子監祭酒，作心性圖說以敎士。拜禮部侍郎。倣大學衍義補，作格物通，上於朝。歷南京吏、禮、兵三部尚書。南京俗尚侈靡，爲定喪葬之制頒行之。老，請致仕。年九十五卒。

若水生平所至，必建書院以祀獻章。年九十，猶爲南京之游。過江西，安福鄒守益，守仁弟子也，戒其同志曰：「甘泉先生來，吾輩當憲老而不乞言，愼毋輕有所論辨。」若水初與守仁同講學，後各立宗旨，守仁以致良知爲宗，若水以隨處體驗天理爲宗。守仁言若水之學爲求之於外，若水亦謂守仁格物之說不可信者四。又曰：「陽明與吾言心不同。陽明所謂心，指方寸而言。吾之所謂心者，體萬物而不遺者也，故以吾之說爲外。」一時學者遂分王、湛之學。

湛氏門人最著者，永豐呂懷、〔三〕德安何遷、婺源洪垣、歸安唐樞。懷之言變化氣質，遷之言知止，樞之言求眞心，大約出入王、湛兩家之間，而別爲一義。垣則主於調停兩家，而互救其失。皆不盡守師說也。懷，字汝德，南京太僕少卿。遷，字益之，南京刑部侍郎。垣，字峻之，溫州府知府。樞，刑部主事，疏論李福達事，罷歸，自有傳。

蔣信，字卿實，常德人。年十四，居喪毀瘠。與同郡冀元亨善，王守仁謫龍場，過其地，偕元亨事焉。嘉靖初，貢入京師，復師湛若水。若水爲南祭酒，門下士多分教。至十一年，舉進士，累官四川水利僉事。卻播州土官賄，置妖道士於法。遷貴州提學副使。建書院二，廩羣髦士其中。龍場故有守仁祠，爲置祠田。坐擅離職守，除名。

信初從守仁游時，未以良知教。後從若水游最久，學得之湛氏爲多。信踐履篤實，不事虛談。湖南學者宗其教，稱之曰正學先生。卒年七十九。

時宜興周衝，字道通，亦游王、湛之門。由舉人授高安訓導，至唐府紀善。嘗曰：「湛之體認天理，卽王之致良知也。」與信集師說爲新泉問辨錄。兩家門人各相非笑，衝爲疏通其旨焉。

鄒守益，字謙之，安福人。父賢，字恢才，弘治九年進士。授南京大理評事，數有條奏。歷官福建僉事，擒殺武平賊渠黃友勝。居家以孝友稱。

守益舉正德六年會試第一，出王守仁門。以廷對第三人授翰林院編修。踰年告歸，謁守仁，講學於贛州。宸濠反，與守仁軍事。世宗卽位，始赴官。

嘉靖三年二月，帝欲去興獻帝本生之稱。守益疏諫，忤旨，被責。踰月，復上疏曰：

陛下欲隆本生之恩，屢下羣臣會議，羣臣據禮正言，致蒙詰讓，道路相傳，有孝長子之稱。昔曾元以父寢疾，憚於易簀，蓋愛之至也。而曾子責之曰「姑息」。魯公受天子禮樂，以祀周公，蓋尊之至也。而孔子傷之曰「周公其衰矣」。臣願陛下勿以姑息事獻帝，而使後世有其衰之歎。

且羣臣援經證古，欲陛下專意正統，此皆爲陛下忠謀，乃不察而督過之，謂忤且慢。臣歷觀前史，如冷褒、段猶之徒，當時所謂忠愛，後世所斥以爲邪媚也。師丹、司馬光之徒，當時所謂欺慢，後世所仰以爲正直也。後之視今，猶今之視古。望陛下不吝改過，察羣臣之忠愛，信而用之，復召其去國者，無使姦人動搖國是，離間宮闈。

昔先帝南巡，羣臣交章諫阻，先帝赫然震怒，豈不謂欺慢可罪哉。陛下在藩邸聞之，必以是爲盡忠於先帝。今入繼大統，獨不容羣臣盡忠於陛下乎。

帝大怒，下詔獄拷掠，謫廣德州判官。廢淫祠，建復初書院，與學者講授其間。稍遷南京禮部郎中，州人立生祠以祀。聞守仁卒，爲位哭，服心喪，日與呂柟、湛若水、錢德洪、王畿、薛侃輩論學。考滿入都，卽引疾歸。

久之，以薦起南京吏部郎中，召爲司經局洗馬。守益以太子幼，未能出閣，乃與霍韜上聖功圖，自神堯茅茨土階，至帝西苑耕稼蠶桑，凡爲圖十三。帝以爲謗訕，幾得罪，賴韜受帝知，事乃解。明年遷太常少卿兼侍讀學士，出掌南京翰林院，夏言欲遠之也。御史毛愷請留侍東宮，被謫。尋改南京祭酒。九廟災，守益陳上下交修之道，言：「殷中宗、高宗，反妖爲祥，享國長久。」帝大怒，落職歸。

守益天姿純粹。守仁嘗曰：「有若無，實若虛，犯而不校，謙之近之矣。」里居，日事講學，四方從遊者踵至，學者稱東廓先生。居家二十餘年卒。隆慶初，贈南京禮部右侍郎，謚文莊。

先是，守仁主山東試，堂邑穆孔暉第一，後官侍講學士，卒，贈禮部右侍郎，謚文簡。孔暉端雅好學，初不肯宗守仁說，久乃篤信之，自名王氏學，浸淫入於釋氏。而守益於戒懼愼獨，蓋兢兢焉。

子善，嘉靖三十五年進士。以刑部員外郎恤刑湖廣，矜釋甚衆。擢山東提學僉事，時與諸生講學。萬曆初，累官廣東右布政使，謝病歸。久之，以薦卽家授太常卿，致仕。子德涵、德溥。

德涵，字汝海，隆慶五年進士。歷刑部員外郎。張居正方禁講學，德涵守之自若。御史傅應禎、劉臺相繼論居正，皆德涵里人，疑爲黨，出爲河南僉事。御史承風指劾之，貶秩歸。善服習父訓，踐履無怠，稱其家學。而德涵從耿定理游，定理不答。發憤湛思，自覺有得，由是專以悟爲宗，於祖父所傳，始一變矣。德溥，由萬曆十一年進士。歷司經局洗馬。

善從子德泳，萬曆十四年進士。官御史。給事中李獻可請預敎太子，斥爲民。德泳偕同官救之，亦削籍。家居三十年，言者交薦。光宗立，起尚寶少卿，歷太常卿。魏忠賢用事，乞休歸。所司將爲忠賢建祠，德泳塗毀其募籍，乃止。

錢德洪，名寬，字德洪，後以字行，改字洪甫，餘姚人。王守仁自尚書歸里，德洪偕數十人共學焉。四方士踵至，德洪與王畿先爲疏通其大旨，而後卒業於守仁。嘉靖五年舉會試，徑歸。七年冬，偕畿赴廷試，聞守仁訃，乃奔喪至貴溪。議喪服，德洪曰：「某有親在，麻衣布經弗敢有加焉。」畿曰：「我無親。」遂服斬衰。喪歸，德洪與畿築室于場，以終心喪。十一年始成進士。累官刑部郎中。郭勛下詔獄，移部定罪，德洪據獄詞論死。廷臣欲坐以不軌，言德洪不習刑名。而帝雅不欲勛死，因言官疏下德洪詔獄。所司上其罪，已出獄矣。帝曰：「始朕命刑官毋梏勛，德洪故違之，與勛不領敕何異。」再下獄。御史楊爵、都督趙卿亦在繫，德洪與講易不輟。久之，斥爲民。

德洪既廢，遂周遊四方，講良知學。時士大夫率務講學爲名高，而德洪、畿以守仁高第弟子，尤爲人所宗。德洪徹悟不如畿，畿持循亦不如德洪，然畿竟入於禪，而德洪猶不失儒者矩矱云。

穆宗立，復官，進階朝列大夫，致仕。神宗嗣位，復進一階。卒年七十九。學者稱緒山先生。

初，守仁倡道，其鄉隣境從游者甚衆，德洪、畿爲之首。其最初受業者，則有餘姚徐愛，山陰蔡宗兗、〔三〕朱節及應良、盧可久、應典、董澐之屬。

愛，字曰仁，守仁女弟夫也。正德三年進士。官至南京工部郎中。良知之說，學者初多未信，愛爲疏通辨析，暢其指要。守仁言：「徐生之溫恭，蔡生之沉潛，朱生之明敏，皆我所不逮。」愛卒，年三十一，守仁哭之慟。一日講畢，歎曰：「安得起曰仁九泉聞斯言乎！」率門人之其墓所，酹酒告之。

蔡宗兗，字希淵。正德十二年進士。官至四川提學僉事。朱節，字守中。正德八年進士。爲御史，巡按山東。大盜起顏神鎮，蔓州縣十數。驅馳戎馬間，以勞卒。贈光祿少卿。

應良，字原忠，仙居人。正德六年進士。官編修。守仁在吏部，良學焉。親老歸養，講學山中者將十年。嘉靖初，還任，伏闕爭大禮，廷杖。張璁黜翰林爲外官，良得山西副使，謝病歸，卒。

盧可久，字一松。程粹，字養之。皆永康諸生。與同邑應典，皆師守仁。粹子正誼，歷順天府尹。

應典，字天彝。進士。官兵部主事。居家養母，不希榮利。通籍三十年，在官止一考。可久傳東陽杜惟熙，惟熙傳同邑陳時芳、陳正道。惟熙以克己爲要，嘗曰：「學者一息不昧，則萬古皆通；一刻少寬，卽終朝欠缺。」卒年八十餘。時芳博覽多聞，而歸於實踐。歲貢不仕。正道爲建安訓導，年八十餘，猶徒步赴五峯講會。其門人呂一龍，永康人，言動不苟，學者咸宗之。

董澐，字子壽，海寧人。年六十八矣，游會稽，肩瓢笠詩卷謁守仁，卒請爲弟子。子穀，官知縣，亦受業守仁。

王畿，字汝中，山陰人。弱冠舉於鄉，跌宕自喜。後受業王守仁，聞其言，無底滯，守仁大喜。嘉靖五年舉進士，與錢德洪並不就廷對歸。守仁征思、田，留畿、德洪主書院。已，奔守仁喪，經紀葬事，持心喪三年。久之，與德洪同第進士。授南京兵部主事，進郎中。給事中戚賢等薦畿。夏言斥畿僞學，奪賢職，畿乃謝病歸。畿嘗云：「學當致知見性而已，應事有小過不足累。」故在官弗免干請，以不謹斥。

畿既廢，益務講學，足跡遍東南，吳、楚、閩、越皆有講舍，年八十餘不肯已。善談說，能動人，所至聽者雲集。每講，雜以禪機，亦不自諱也。學者稱龍谿先生。其後，士之浮誕不逞者，率自名龍谿弟子。而泰州王艮亦受業守仁，門徒之盛，與畿相埒，學者稱心齋先生。陽明學派，以龍谿、心齋爲得其宗。

艮，字汝止。初名銀，王守仁爲更名。七歲受書鄉塾，貧不能竟學。父竈丁，冬晨犯寒役於官。艮哭曰：「爲人子，令父至此，得爲人乎！」出代父役，入定省，惟謹。

艮讀書，止孝經、論語、大學，信口談說，中理解。有客聞艮言，詫曰：「何類王中丞語。」

艮乃謁守仁江西，與守仁辨久之，大服，拜爲弟子。明日告之悔，復就賓位自如。已，心折，卒稱弟子。從守仁歸里，歎曰：「吾師倡明絕學，何風之不廣也！」還家，製小車北上，所過招要人士，告以守仁之道，人聚觀者千百。抵京師，同門生駭異，匿其車，趣使返。守仁聞之，不悅。艮往謁，拒不見，長跪謝過乃已。王氏弟子遍天下，率都爵位有氣勢。艮以布衣抗其間，聲名反出諸弟子上。然艮本狂士，往往駕師說上之，持論益高遠，出入於二氏。艮傳林春、徐樾，樾傳顏鈞，鈞傳羅汝芳、梁汝元，汝芳傳楊起元、周汝登、蔡悉。

樾，字子直，貴溪人。舉進士。歷官雲南左布政使。元江土酋那鑑反，〔四〕詐降。樾信之，抵其城下，死焉。詔贈光祿寺卿，予祭葬，任一子官。

春，字子仁，泰州人。聞良知之學，日以朱墨筆識臧否自考，動有繩檢，尺寸不踰。嘉靖十一年會試第一，除戶部主事，調吏部。縉紳士講學京師者數十人，聰明解悟善談說者，推王畿，志行敦實推春及羅洪先。進文選郎中，卒官，年四十四。發其篋，僅白金四兩，僚友棺斂歸其喪。

汝芳，字維德，南城人。嘉靖三十二年進士。除太湖知縣。召諸生論學，公事多決於講座。遷刑部主事，歷寧國知府。民兄弟爭產，汝芳對之泣，民亦泣，訟乃已。創開元會，罪囚亦令聽講。入覲，勸徐階聚四方計吏講學。階遂大會於靈濟宮，聽者數千人。父艱，服闋，起補東昌，移雲南屯田副使，進參政，分守永昌，坐事爲言官論罷。初，汝芳從永新顏鈞講學，後鈞繫南京獄當死，汝芳供養獄中，鬻產救之，得減戍。汝芳既罷官，鈞亦赦歸。汝芳事之，飲食必躬進，人以爲難。鈞詭怪猖狂，其學歸釋氏，故汝芳之學亦近釋。

楊起元、周汝登，皆萬曆五年進士。起元，歸善人。選庶吉士，適汝芳以參政入賀，遂學焉。張居正方惡講學，汝芳被劾罷，而起元自如，累官吏部左侍郎。拾遺被劾，帝不問。未幾卒。天啓初，追謚文懿。汝登，嵊人。初爲南京工部主事，榷稅不如額，謫兩淮鹽運判官，累官南京尚寶卿。起元淸修姱節，然其學不諱禪。汝登更欲合儒釋而會通之，輯聖學宗傳，盡採先儒語類禪者以入。蓋萬曆世士大夫講學者，多類此。

蔡悉，字士備，合肥人。嘉靖三十八年進士。授常德推官。築郭外六隄以免水患。擢南京吏部主事，累官南京尚寶卿，移署國子監。嘗請立東宮，又極論礦稅之害。有學行，恬宦情。仕五十年，家食强半。清操亮節，淮西人宗之。

歐陽德，字崇一，泰和人。甫冠舉鄉試。之贛州，從王守仁學。不應會試者再。嘉靖二年策問陰詆守仁，德與魏良弼等直發師訓無所阿，竟登第。除知六安州，建龍津書院，聚生徒論學。入爲刑部員外郎。六年詔簡朝士有學行者爲翰林，乃改德編修。遷南京國子司業，作講亭，進諸生與四方學者論道其中。尋改南京尚寶卿。召爲太僕少卿。以便養，復改南京鴻臚卿。父憂，服闋，留養其母，與鄒守益、聶豹、羅洪先日講學。以薦起故官。累遷吏部左侍郎兼學士，掌詹事府。

母憂歸，服未闋，卽用爲禮部尚書。喪畢之官，命直無逸殿。時儲位久虛，帝惑陶仲文「二龍不相見」之說，諱言建儲，德懇請。會有詔，二王出邸同日婚。德以裕王儲貳不當出外，疏言：「曩太祖以父婚子，諸王皆處禁中。宣宗、孝宗以兄婚弟，始出外府。今事與太祖同，請從初制。」帝不許。德又言：「會典醮詞，主器則曰承宗，分藩則曰承家。今裕王當何從？」帝不悅曰：「旣云王禮，自有典制。如若言，何不竟行册立耶？」德卽具册立儀上。帝滋不悅，然終諒其誠，婚亦竟不同日。裕王母康妃杜氏薨，德請用成化朝紀淑妃故事，不從。德遇事侃侃，裁制諸宗藩尤有執。或當利害，衆相顧色戰，德意氣自如。

當是時，德與徐階、聶豹、程文德並以宿學都顯位。於是集四方名士於靈濟宮，與論良知之學。赴者五千人。都城講學之會，於斯爲盛。

德器宇溫粹，學務實踐，不尙空虛。晚見知於帝，將柄用，而德遽卒。贈太子少保，謚文莊。

族人瑜，字汝重，亦學於守仁。守仁教之曰：「常欲然無自是而已。」瑜終身踐之。舉於鄉，不就會試，曰：「老親在，三公不與易也。」母死，廬墓側。虎環廬嗥，不爲動。歷官四川參議，所至有廉惠聲。年近九十而卒。

羅洪先，字達夫，吉水人。父循，進士。歷兵部武選郎中。會考選武職，有指揮二十餘人素出劉瑾門，循罷其管事。瑾怒罵尚書王敞，敞懼，歸部趣易奏。循故遲之，數日瑾敗，敞乃謝循。循歷知鎭江、淮安二府，徐州兵備副使，咸有聲。

洪先幼慕羅倫爲人。年十五，讀王守仁傳習錄好之，欲往受業，循不可而止。乃師事同邑李中，傳其學。嘉靖八年舉進士第一，授修撰，卽請告歸。外舅太僕卿曾直喜曰：「幸吾壻成大名。」洪先曰：「儒者事業有大於此者。此三年一人，安足喜也。」洪先事親孝。父每肅客，洪先冠帶行酒、拂席、授几甚恭。居二年，詔劾請告踰期者，乃赴官。尋遭父喪，苫塊蔬食，不入室者三年。繼遭母憂，亦如之。

十八年簡宮僚，召拜春坊左贊善。明年冬，與司諫唐順之、校書趙時春疏請來歲朝正後，皇太子出御文華殿，受羣臣朝賀。時帝數稱疾不視朝，諱言儲貳臨朝事，見洪先等疏，大怒曰：「是料朕必不起也。」降手詔百餘言切責之，遂除三人名。

洪先歸，益尋求守仁學。甘淡泊，鍊寒暑，躍馬挽强，考圖觀史，自天文、地志、禮樂、典章、河渠、邊塞、戰陣攻守，下逮陰陽、算數，靡不精究。至人才、吏事、國計、民情，悉加意諮訪。曰：「苟當其任，皆吾事也。」邑田賦多宿弊，請所司均之，所司卽以屬。洪先精心體察，弊頓除。歲饑，移書郡邑，得粟數十石，率友人躬振給。流寇入吉安，主者失措。爲畫策戰守，寇引去。素與順之友善。順之應召，欲挽之出，嚴嵩以同鄉故，擬假邊才起用，皆力辭。

洪先雖宗良知學，然未嘗及守仁門，恒擧易大傳「寂然不動」、周子「無欲故靜」之旨以告學人。又曰：「儒者學在經世，而以無欲爲本。惟無欲，然後出而經世，識精而力鉅。」時王畿謂良知自然，不假纖毫力。洪先非之曰：「世豈有現成良知者耶？」雖與畿交好，而持論始終不合。山中有石洞，舊爲虎穴，葺茅居之，命曰石蓮。謝客，默坐一榻，三年不出戶。

初，告歸，過儀眞，同年生主事項喬爲分司。有富人坐死，行萬金求爲地，洪先拒不聽。喬微諷之，厲聲曰：「君不聞志士不忘在溝壑耶？」江漲，壞其室，巡撫馬森欲爲營之，固辭不可。隆慶初卒，贈光祿少卿，諡文莊。

程文德，字舜敷，永康人。初受業章懋，後從王守仁遊。登洪先榜進士第二，授翰林編修。坐同年生楊名劾汪鋐事，下詔獄，謫信宜典史。鋐罷，量移安福知縣，遷兵部員外郎。父憂，廬墓側，終喪不入內。起兵部郎中，擢廣東提學副使，未赴，改南京國子祭酒。母憂，服闋，起禮部右侍郎。俺答犯京師，分守宣武門，盡納鄉民避寇者。調吏部爲左。已，改掌詹事府。

三十三年供事西苑。所撰青詞，頗有所規諷，帝銜之。會推南京吏部尚書，帝疑文德欲遠己，命調南京工部右侍郎。文德疏辭，勸帝享安靜和平之福。帝以爲謗訕，除其名。既歸，聚徒講學。卒，貧不能殮。萬曆間，追贈禮部尚書，謚文恭。

吳悌，字思誠，金谿人。嘉靖十一年進士。除樂安知縣，調繁宣城，徵授御史。十六年，應天府進試錄，考官評語失書名，諸生答策多譏時政。帝怒，逮考官諭德江汝璧、洗馬歐陽衢詔獄，貶官，府尹孫懋等下南京法司，尋得還職，而停舉子會試。悌爲舉子求寬，坐下詔獄，出視兩淮鹽政。海溢，沒通、泰民廬，悌先發漕振之而後奏聞。尋引疾歸，還朝，按河南。伊王典楧驕橫，憚悌，遺書稱爲友。悌報曰：「殿下，天子親藩，非悌所敢友。悌，天子憲臣，非殿下所得友。」王愈憚之。

夏言、嚴嵩當國，與悌鄉里。嘗謁言，衆見言新服宮袍，競前譽之，悌却立不進。言問故，徐曰：「俟談少間，當以政請。」言爲改容。及嵩擅政，悌惡之，引疾家居垂二十年。嵩敗，起故官，一歲中累遷至南京大理卿。時吳嶽、胡松、毛愷並以耆俊爲卿貳，與悌稱「南都四君子」。隆慶元年就遷刑部侍郎。明年卒。

悌爲王守仁學，然淸修果介，反躬自得爲多。萬曆中，子仁度請恤。吏部尚書孫丕揚曰：「悌，理學名臣，不宜循常格。」遂用黃孔昭例，贈禮部尙書，諡文莊。鄉人建祠，與陸九淵、吳澄、吳與弼、陳九川並祀，曰五賢祠，學者稱疏山先生。

仁度，字繼疎。萬曆十七年進士。授中書舍人。三王並封議起，抗疏爭之。久之，擢吏部主事，歷考功郎中。稽勳郎中趙邦淸被劾，疑同官鄧光祚等嗾言路，憤激力辨。章下考功，仁度欲稍寬邦淸罰，給事中梁有年遂劾仁度黨比。時光祚引疾去，而仁度代爲文選，御史康丕揚復劾仁度傾光祚而代之，詔改調之南京。自邦淸被論後，言路訐不已，都御史溫純恚甚，請定國是，以剖衆疑，而深爲仁度惜。仁度尋補南京刑部郎中，擢太僕少卿，進右僉都御史，巡撫山西。砥廉隅，務慈愛，與魏允貞齊名。居四年，以疾歸。熹宗初，起大理卿，進兵部右侍郎，復稱疾去。再起工部左侍郎。天啓五年，魏忠賢以仁度與趙南星、楊漣等善，勒令致仕，尋卒。仁度，名父子，克自振勵，鄒元標亟稱之。

何廷仁，初名秦，以字行，改字性之。黃弘綱，字正之。皆雩都人。廷仁和厚，與人接，誠意盎溢。而弘綱難近，未嘗假色笑於人。然兩人志行相準。廷仁初慕陳獻章，後聞王守仁之學於弘綱。守仁征桶岡，詣軍門謁，遂師事焉。嘉靖元年舉於鄉，復從守仁浙東。廷仁立論尚平實，守仁歿後，有爲過高之論者，輒曰：「此非吾師言也。」除新會知縣，釋菜獻章祠，而後視事。政尚簡易，士民愛之。遷南京工部主事，分司儀眞，榷蕪湖稅，不私一錢。滿考，卽致仕。弘綱由鄉舉官刑部主事。

守仁之門，從遊者恒數百，浙東、江西尤衆，善推演師說者稱弘綱、廷仁及錢德洪、王畿。時人語曰：「江有何、黃，浙有錢、王。」然守仁之學，傳山陰、泰州者，流弊靡所底極，惟江西多實踐，安福則劉邦采，新建則魏良政兄弟，其最著云。

邦采，字君亮。族子曉受業守仁，歸語邦采，遂與從兄文敏及弟姪九人謁守仁於里第，師事焉。父憂，蔬水廬墓。免喪，不復應舉。提學副使趙淵檄赴試，御史儲良才許以常服入闈，不解衣檢察，乃就試，得中式。久之，除壽寧教諭，擢嘉興府同知，棄官歸。邦采識高明，用力果銳。守仁倡良知爲學的，久益觝，有以揣摩爲妙悟，縱恣爲自然者，邦采每極言排斥焉。

文敏，字宜充。〔五〕父喪除，絕意科舉。嘗曰：「學者當循本心之明，時見己過，刮磨砥礪，以融氣稟，絕外誘，徵諸倫理、事物之實，無一不慊於心，而後爲聖門正學，非困勉不可得入也。高談虛悟，炫末離本，非德之賊乎？」曉，字伯光。舉於鄉，後爲新寧知縣，有善政。

良政，字師伊。守仁撫江西，與兄良弼，弟良器、良貴，咸學焉。提學副使邵鋭、巡按御史唐龍持論與守仁異，戒諸生勿往謁，良政兄弟獨不顧，深爲守仁所許。良政功尤專，孝友敦朴，燕居無惰容，嘗曰：「不尤人，何人不可處；不累事，何事不可爲。」舉鄉試第一而卒。良弼嘗言，「吾夢見師伊，輒汗浹背」，其爲兄憚如此。良器，字師顏。性超穎絕人，雖宗良知，踐履務平實。良弼，自有傳。良貴，官右副都御史。

王時槐，字子植，安福人。嘉靖二十六年進士。授南京兵部主事。歷禮部郎中、福建僉事。累官太僕少卿，降光祿少卿。隆慶末，出爲陝西參政。張居正柄國，以京察罷歸。萬曆中，南贛巡撫張岳疏薦之。吏部言：「六年京察，祖制也。若執政有所驅除，非時一舉，謂之閏察。時槐在閏察中，羣情不服，請召時槐，且永停閏察。」報可。久之，陸光祖掌銓，起貴州參政，旋擢南京鴻臚卿，進太常，皆不赴。

時槐師同縣劉文敏，及仕，徧質四方學者，自謂終無所得。年五十，罷官，反身實證，始悟造化生生之幾，不隨念慮起滅。學者欲識眞幾，當從愼獨入。其論性曰：「孟子性善之說，決不可易。使性中本無仁義，則惻隱羞惡更何從生。且人應事接物，如是則安，不如是則不安，非善而何？」又曰：「居敬、窮理，二者不可廢一。要之，居敬二字盡之。自其居敬之精明了悟而言，謂之窮理，卽考索討論，亦居敬中之一事。敬無所不該，敬外更無餘事也。」年八十四卒。

廬陵陳嘉謨，字世顯，與時槐同年進士。爲給事中，不附嚴嵩，出之外。歷湖廣參政，乞休歸，專用力於學。凡及其門者，告之曰：「有塘南在，可往師之。」塘南，時槐別號也。年八十三卒。

許孚遠，字孟中，德清人，受學同郡唐樞。嘉靖四十一年成進士，授南京工部主事，就改吏部。已，調北部。尚書楊博惡孚遠講學，會大計京朝官，黜浙人幾半，博鄉山西無一焉。孚遠有後言，博不悅，孚遠遂移疾去。隆慶初，高拱薦起考功主事，出爲廣東僉事，招大盜李茂、許俊美擒倭黨七十餘輩以降，錄功，賚銀幣。旋移福建。

神宗立，拱罷政，張居正議逐拱黨，復大計京官。王篆爲考功，誣孚遠黨拱，謫兩淮鹽運司判官。歷兵部郎中，出知建昌府，暇輒集諸生講學，引貢士鄧元錫、劉元卿爲友。尋以給事中鄒元標薦，擢陝西提學副使，敬禮貢士王之士，移書當路，并元卿、元錫薦之。後三人並得徵，由孚遠倡也。遷應天府丞，坐爲李材訟冤，貶二秩，由廣東僉事再遷右通政。

二十年擢右僉都御史，巡撫福建。倭陷朝鮮，議封貢，孚遠請敕諭日本擒斬平秀吉，不從。呂宋國酋子訟商人襲殺其父，孚遠以聞，詔戮罪人，厚犒其使。福州饑，民掠官府，孚遠擒倡首者，亂稍定，而給事中耿隨龍、御史甘士价等劾孚遠宜斥，帝不問。所部多僧田，孚遠入其六於官。又募民墾海壇地八萬三千有奇，築城建營舍，聚兵以守，因請推行於南日、彭湖及浙中陳錢、金塘、玉環、南麂諸島，皆報可。居三年，入爲南京大理卿，就遷兵部右侍郎，改左，調北部。甫半道，被論。乞休，疏屢上，乃許。又數年，卒於家，贈南京工部尚書，後諡恭簡。

孚遠篤信良知，而惡夫援良知以入佛者。知建昌，與郡人羅汝芳講學不合。及官南京，與汝芳門人禮部侍郎楊起元、尚寶司卿周汝登，並主講席。汝登以無善無惡爲宗，孚遠作九諦以難之，言：「文成宗旨，原與聖門不異，以性無不善，故知無不良。良知卽是未發之中，立論至爲明析。無善無惡心之體一語，蓋指其未發時，廓然寂然者而言之，止形容得一靜字，合下三語，始爲無病。今以心意知物，俱無善惡可言者，非文成之正傳也。」彼此論益齟齬。而孚遠撫福建，與巡按御史陳子貞不相得，子貞督學南畿，遂密諷同列拾遺劾之。從孚遠遊者，馮從吾、劉宗周、丁元薦，皆爲名儒。

尤時熙，字季美，洛陽人。生而警敏不羣，弱冠舉嘉靖元年鄉試。時王守仁傳習錄始出，士大夫多力排之，時熙一見歎曰：「道不在是乎？向吾役志詞章，末矣。」已而以疾稍從事養生家。授元氏敎諭，父喪除，改官章丘，一以致良知爲敎，兩邑士亦知新建學。入爲國子博士，徐階爲祭酒，命六館士咸取法焉。居常以不獲師事守仁爲恨，聞郎中劉魁得守仁之傳，遂師事之。魁以直言錮詔獄，則書所疑，時時從獄中質問。尋以戶部主事榷稅滸墅，課足而止，不私一錢。念母老，乞終養歸，遂不出，日以修己淑人爲事，足未嘗涉公府。齋中設守仁位，晨興必焚香肅拜，來學者亦令展謁。晚年，病學者憑虛見而忽躬行，甚且越繩墨自恣，故其論議切於日用，不爲空虛隱怪之談。卒於萬曆八年，年七十有八，學者稱西川先生。其門人，孟化鯉最著，自有傳。

張後覺，字志仁，茌平人。父文祥，由鄉舉官廣昌知縣。後覺生有異質，事親孝，居喪哀毀，三年不御內。早歲，聞良知之說於縣教諭顏鑰，遂精思力踐，偕同志講習。已而貴谿徐樾以王守仁再傳弟子來爲參政，後覺率同志往師之，學益有聞。久之，以歲貢生授華陰訓導，會地大震，人多傾壓死，上官令署縣事，救災扶傷，人胥悅服。及致仕歸，士民泣送載道。

東昌知府羅汝芳、提學副使鄒善皆宗守仁學，與後覺同志。善爲建願學書院，俾六郡士師事焉。汝芳亦建見泰書院，時相討論。猶以取友未廣，北走京師，南游江左，務以親賢講學爲事，門弟子日益進。凡吏於其土及道經茌平者，莫不造廬問業。巡撫李世達兩詣山居，病不能爲禮，乃促席劇談，飽蔬食而去。平生不作詩，不談禪，不事著述，行孚遠近，學者稱之爲弘山先生。年七十六，以萬曆六年卒。

其門人，孟秋、趙維新最著。秋，自有傳。維新，亦茌平人，年二十，聞後覺講良知之學，遂師事之。次其問答語，爲弘山教言。性純孝，居喪，五味不入口，柴毁骨立，杖而後起。鄉人欲舉其孝行，力辭之。喪偶，五十年不再娶。嘗築垣得金一篋，工人持之去，維新不問。家貧，或併日而食，超然自得。亦以歲貢生爲長山訓導，年九十二，無疾而終。

鄧以讚，字汝德，新建人。張元忭，字子藎，紹興山陰人。二人皆生有異質，又好讀書。以讚幼，見父與人論學，輒牽衣尾之，間出語類夙儒。父閔其勤學，嘗扃之斗室。元忭素羸弱，母戒毋過勞，乃藏燈幕中，俟母寢始誦。十餘歲時以氣節自負，聞楊繼盛死，爲文遙誄之，慷慨泣下。父天復，官雲南副使，擊武定賊鳳繼祖有功。已，賊還襲武定，官軍敗績，巡撫呂光洵討滅之。至隆慶初，議者追理前失亡狀，逮天復赴雲南對簿，元忭適下第還，萬里護行，髮盡白。已，復馳詣闕下白冤，當事憐之，天復得削籍歸。

隆慶五年，以讚舉會試第一，廷試第三，授編修，而元忭以廷試第一，授修撰。萬曆初，座主張居正枋國政，以讚時有匡諫，居正弗善也，移疾歸。久之，補原官，旋引退。詔起中允，至中途復以念母返。再起南京祭酒，就擢禮部右侍郎，復就轉吏部，再疏請建儲，且力斥三王並封之非，中言：「中宮鍾愛元子，其願早正春宮，視臣民尤切。陛下以厚中宮而緩册立，殆未諒中宮心。況信者，國之大寶，建儲一事，屢示更移，將使詔令不信於天下，非所以重宗廟，安社稷也。」會廷臣多諫者，事竟寢。尋召爲吏部右侍郎，力辭不拜。以讚登第二十餘年，在官僅滿一考。居母憂，不勝喪而卒，贈禮部尙書，謚文潔。

元忭嘗抗疏救御史胡濙，又請進講列女傳於兩宮，修二南之化，皆不省。萬曆十年奉使楚府還，過家省母，旣行心動，輒馳歸，僅五日，母卒。元忭奉二親疾，湯藥非口嘗弗進，居喪毀瘠，遵用古禮，鄉人多化之。服闋，起故官，進左諭德，直經筵。先是，元忭以帝登極恩，請復父官，詔許給冠帶。至是復申前請，格不從。元忭泣曰：「吾無以下見父母矣。」遂悒悒得疾卒。天啓初，追謚文恭。

以讚、元忭自未第時卽從王畿游，傳良知之學，然皆篤於孝行，躬行實踐。以讚品端志潔，而元忭矩矱儼然，無流入禪寂之弊。元忭子汝霖，江西參議。汝懋，御史。

孟化鯉，字叔龍，河南新安人。孟秋，字子成，茌平人。化鯉年十六，慨然以聖賢自期。

而秋兒時受詩，至桑中諸篇，輒棄去不竟讀。

化鯉舉萬曆八年進士。授戶部主事，時相欲招致之，辭不往。榷稅河西務，與諸生講學，河西人尸祝之。南畿、山東大饑，奉命往振，全活多。改吏部，歷文選郎中，佐尚書孫鑨黜陟，名籍甚。時內閣權重，每銓除必先白，化鯉獨否，中官請託復不應，以故多不悅。都給事中張棟先以建言削籍，化鯉奏起之，忤旨，奪堂官俸，謫化鯉及員外郎項復弘、主事姜仲軾雜職。閣臣疏救，命以原品調外。頃之，言官復交章救，帝益怒，奪言官俸，斥化鯉等爲民。既歸，築書院川上，與學者講習不輟，四方從游者恒數百人。久之卒。

秋舉隆慶五年進士。爲昌黎知縣，有善政。遷大理評事，去之日，老稚載道泣留。以職方員外郎督視山海關。關政久弛，奸人出入自擅，秋禁之嚴。中流言，萬曆九年京察坐貶，歸塗與妻孥共駕一牛車，道旁觀者咸歎息。許孚遠嘗過張秋，造其廬，見茆屋數椽，書史猥藉其中，歎曰：「孟我疆風味，大江以南未有也。」我疆者，秋別號也。後起官刑部主事，歷尚寶丞少卿，卒。秋既歿，廷臣爲請謚者章數十上。天啓初，賜謚清憲。

化鯉自貢入太學，卽與秋道義相勖，後爲吏部郎，而秋官尚寶，比舍居，食飲起居無弗共者，時人稱「二孟」。化鯉之學得之洛陽尤時熙，而秋受業於邑人張後覺。時熙師曰劉魁，後覺則顏鑰、徐樾弟子也。

來知德，字矣鮮，梁山人。幼有至行，有司舉爲孝童。嘉靖三十一年舉於鄉。二親相繼歿，廬墓六年，不飲酒茹葷。服除，傷不及祿養，終身麻衣蔬食，誓不見有司。其學以致知爲本，盡倫爲要。所著有省覺錄、省事錄、理學辨疑、心學晦明解諸書，而周易集註一篇用功尤篤。自言學莫邃於易。初，結廬釜山，學之六年無所得。後遠客求溪山中，覃思者數年，始悟易象。又數年始悟文王序卦、孔子雜卦之意。又數年始悟卦變之非。蓋二十九年而後書成。

萬曆三十年，總督王象乾、巡撫郭子章合詞論薦，特授翰林待詔。知德力辭，詔以所授官致仕，有司月給米三石，終其身。

鄧元錫，字汝極，南城人。十五喪父，水漿不入口。十七行社倉法，惠其鄉人。已爲諸生，遊邑人羅汝芳門，又走吉安，學於諸先達。嘉靖三十四年舉於鄉，復從鄒守益、劉邦采、劉陽諸宿儒論學。後不復會試，杜門著述，踰三十年，五經皆有成書，閎深博奧，學者稱潛谷先生。

休寧范涞知南城時，重元錫。後爲南昌知府，萬曆十六年入覲，薦元錫及劉元卿、章潢於朝。南京祭酒趙用賢亦請徵聘，如吳與弼、陳獻章故事。得旨，有司起送部試，元錫固辭。明年，御史王道顯復以元錫、元卿並薦，且請倣祖宗徵辟故事，無拘部試。詔令有司問病，痊可起送赴部，竟不行。二十一年，巡按御史秦大夔復並薦二人，詔以翰林待詔徵之，有司敦遣上道，甫離家而卒。鄉人私謚文統先生。

元錫之學，淵源王守仁，不盡宗其說。時心學盛行，謂學惟無覺，一覺卽無餘蘊，九容、九思、四教、六藝皆桎梏也。元錫力排之，故生平博極羣書，而要歸於六經。所著五經繹、函史上下編、皇明書，並行於世。

元卿，字調父，安福人。舉隆慶四年鄉試，明年會試，對策極陳時弊，主者不敢錄。張居正聞而大怒，下所司申飭，且令人密詗之，其人反以情告，乃獲免。旣歸，師同邑劉陽，王守仁弟子也。萬曆二年，會試不第，遂絕意科名，務以求道爲事。旣累被薦，乃召爲國子博士。擢禮部主事，疏請早朝勤政，又請從祀鄒守益、王艮於文廟，釐正外蕃朝貢舊儀。尋引疾歸，肆力撰述，有山居草、還山續草、諸儒學案、賢弈編、思問編、禮律類要、大學新編諸書。

瀇，字本淸，南昌人。居父喪，哀毁血溢。搆此洗堂，聯同志講學。輯羣書百二十七卷，曰圖書編。又著周易象義、詩經原體、書經原始、春秋竊義、禮記劄言、論語約言諸書。從游者甚衆。數被薦，從吏部侍郎楊時喬請，遙授順天訓導，如陳獻章、來知德故事，有司月給米三石贍其家。卒於萬曆三十六年，年八十二。其鄉人稱瀇自少迄老，口無非禮之言，身無非禮之行，交無非禮之友，目無非禮之書，乃私謚文德先生。自吳與弼後，元錫、元卿、瀇並蒙薦辟，號「江右四君子」。

校勘記

〔一〕師事陳獻章　原無「陳」字。按本傳此處始見陳獻章之名，應冠姓，今補。

〔二〕永豐呂懷　呂懷，原作「李懷」，據本書卷二〇八洪垣傳、明進士題名碑錄嘉靖壬辰科改。

〔三〕山陰蔡宗兗　蔡宗兗，原作「葉宗兗」，據明史稿傳八〇王守仁傳附徐愛傳、明儒學案卷一一浙中王門學案及明進士題名碑錄正德丁丑科改。下同。

〔四〕元江土酋那鑑反　元江，原作「沅江」，據本書卷三一四元江傳、世宗實錄卷三九三嘉靖三十二年正月丁酉條改。按元江屬雲南，而沅江屬湖廣，是另一地。徐樾是雲南布政使。

〔五〕文敏字宜充　宜充，原作「直充」，據明史稿傳八〇王守仁傳附劉邦采傳、明儒學案卷一九江右王門學案改。

明史卷二百八十四

列傳第一百七十二

儒林三

孔希學 孔彥繩 顏希惠 曾質粹 孔聞禮 孟希文 仲于陛 周冕 程接道 程克仁 張文運 邵繼祖 朱梴 朱墅

孔希學，字士行，先聖五十六代孫也，世居曲阜。祖思晦，字明道，仕元爲教諭，有學行。仁宗時，以思晦襲封衍聖公，卒謚文肅，子克堅襲。

克堅，字璟夫。至正六年，中書言衍聖公階止嘉議大夫，與爵不稱，乃進通奉大夫，予銀印。十五年有薦其明習禮樂者，徵爲同知太常禮儀院事，以子希學襲封。克堅累遷國子祭酒。二十二年，克堅謝病還闕里，後起集賢學士、山東廉訪使，皆不赴。

洪武元年三月，徐達下濟寧，克堅稱疾，遣希學來見，達送之京師。希學奏父病不能行，太祖敕諭克堅，末言「稱疾則不可」。會克堅亦來朝，遇使者淮安，惶恐兼程進，見於謹身殿。問以年，對曰：「臣年五十有三。」曰：「爾年未邁，而病嬰之。今不煩爾以官。爾家，先聖後，子孫不可不學。爾子溫厚，俾進學。」克堅頓首謝。卽日賜宅一區，馬一匹，米二十石。明日復召見，命以訓厲族人。因顧侍臣曰：「先聖後，特優禮之，養以祿而不任以事也。」

十一月命希學襲封衍聖公。置官屬，曰掌書，曰典籍，曰司樂，曰知印，曰奏差，曰書寫，各一人。立孔、顏、孟三氏教授司，教授、學錄、學司各一人。立尼山、洙泗二書院，各設山長一人。復孔氏子孫及顏、孟大宗子孫徭役。又命其族人希大爲曲阜世襲知縣。而進衍聖公秩二品，階資善大夫。賜之誥曰：「古之聖人，自羲、農至於文、武，法天治民，明並日月，德化之盛莫有加焉。然皆隨時制宜，世有因革。至於孔子，雖不得其位，會前聖之道而通之，以垂教萬世，爲帝者師。其孫子思，又能傳述而名言之，以極其盛。有國家者，求其統緒，尊其爵號，蓋所以崇德報功也。歷代以來，膺襲封者或不能繩其祖武，朕甚閔焉。當臨馭之初，訪世襲者得五十六代孫孔希學，大宗是紹，爰行典禮，以致褒崇。爾其領袖世儒，益展聖道之用於當世，以副朕之至望，豈不偉歟！」希大階承事郎，賜之敕。

三年春，克堅以疾告歸，遣中使慰問。疾篤，詔給驛還家，賜白金文綺，舟次邳州卒。

六年八月，希學服闋入朝，命所司致廩餼，從人皆有賜，復勞以敕，賜襲衣冠帶。九月辭歸，命翰林官餞於光祿寺，賚白金文綺。明年二月，希學言：「先聖廟堂廊廡圮壞，祭器、樂器、法服不備，乞命有司修治。先世田，兵後多蕪，而徵賦如故，乞減免。」並從之。自是，每歲入朝，班亞丞相，皆加宴賚。

希學好讀書，善隸法，文詞爾雅。每賓客讌集，談笑揮灑，爛然成章。承大亂之後，廟貌服物，畢力修舉，盡還舊觀。十四年卒。命守臣致祭。

子訥，字言伯，十七年正月襲封。命禮官以教坊樂導送至國學，學官率諸生二千餘人迎於成賢街。自後，每歲入覲，給符乘傳。帝既革丞相官，遂令班文臣首。訥性恭謹，處宗黨有恩。建文二年卒。子公鑑襲。

公鑑，字昭文，有孝行，嗣爵二年卒。成祖卽位，遣使致祭。

子彥縉，字朝紳，永樂八年襲，甫十歲，命肄業國學，久之遣歸。十五年修闕里文廟成，御製碑文勒石。仁宗踐阼，彥縉來朝。仁宗語侍臣曰：「外蕃貢使皆有公館。衍聖公假館民間，非崇儒重道意。」遂賜宅東安門外。宣德四年，彥縉將遣使福建市書，咨禮部，部臣以聞，命市與之。已，奏闕里雅樂及樂舞生冠服敝壞，詔所司修治。景泰元年，帝幸學。彥縉率三氏子孫觀禮，賜坐彝倫堂聽講。幸學必先期召衍聖公，自此始。彥縉幼孤，能自立，然與族人不睦。景泰六年，族祖克昫等與彥縉相訐，帝置不問。彥縉子承慶，先卒。孫弘緒，字以敬，甫八歲，而彥縉卒。妾江訴弘緒幼弱，爲族人所侵。詔遣禮部郎爲治喪，而命其族父公恂理家事。驛召弘緒至京襲封，賜玉帶金印，簡敎授一人課其學。英宗復辟，入賀。朝見便殿，握其手，置膝上，語良久。弘緒纔十歲，進止有儀，帝甚悅。每歲入賀聖壽。帝聞其賜第湫隘，以大第易之。凡南城賞花、西苑較射，皆與焉。

公恂，字宗文。景泰五年舉會試。聞母疾，不赴廷對。帝問禮部，得其故，遣使召之。日且午，不及備試卷，命翰林院給筆札。登第，卽丁母憂歸。天順初，授禮科給事中。大學士李賢言：「公恂，至聖後，贊善司馬恂，宋大賢溫國公光後，宜輔導太子。」帝喜，同日超拜少詹事，侍東宮講讀。入語孝肅皇后曰：「吾今日得聖賢子孫爲汝子傅。」孝肅皇后者，憲宗生母，方以皇貴妃有寵，於是具冠服拜謝，宮中傳爲盛事云。成化初，以言事謫漢陽知府，未至，丁父憂。服闋，還故秩，莅南京詹事府。久之卒。

弘緒少貴，又恃婦翁大學士李賢，多過舉。成化五年被劾，按治，奪爵爲庶人，令其弟弘泰襲。弘泰歿，爵仍歸弘緒子。

弘泰，字以和。旣嗣爵，弘治十一年，山東按臣言弘緒遷善改行，命復冠帶。明年六月，聖殿災，弘泰方在朝，弘緒率子弟奔救，素服哭廟，蔬食百日。弘泰還，亦齋哭如居喪。弘泰生七月而孤，奉母孝，與弘緒友愛，無間言。十六年卒，弘緒子聞韶襲。

聞韶，字知德。明年，新廟建，規制踰舊，遣大學士李東陽祭告，御製碑文勒石。正德三年以尼山、洙泗二書院及鄒縣子思子廟各有祀事，奏請弟聞禮主之。帝授聞禮五經博士，主子思子祀事，世以衍聖公弟爲之。兩書院各設學錄一人，薦族之賢者充焉。六年，山東盜起，聞韶與巡撫趙璜請城闕里，遷曲阜縣治以衞廟，不果行。嘉靖二十五年，聞韶卒，子貞幹襲。

貞幹，字用濟。三十五年入朝。卒，子尙賢襲。

尙賢，字象之。巡撫丁以忠言：「尙賢沖年，宜如弘泰例，國學肄業。」從之。萬曆九年，庶母郭氏訐尙賢。帝爲革供奉女樂二十六戶，令三歲一朝。十七年，尙賢仍請比歲入賀，許之。尙賢博識。天啓元年卒。子蔭椿先卒，無嗣，從弟子蔭植襲。

蔭植，字對寰。祖貞寧，衍聖公貞幹弟也，仕爲五經博士。父尙坦，國學生，追封衍聖公。蔭植先爲博士，尙賢旣喪子，遂育爲嗣。天啓四年以覃恩加太子太保。崇禎元年加太子太傅。

孔彥繩，字朝武，衢州西安人，先聖五十九代孫也。宋建炎中，衍聖公端友扈蹕南渡，因家衢州。高宗命以州學爲家廟，賜田五頃，以奉祭祀。五傳至洙。元至元間，命歸曲阜襲封。洙讓爵曲阜之弟治。

弘治十八年，衢州知府沈杰奏言：「衢州聖廟，自孔洙讓爵之後，衣冠禮儀，猥同氓庶。今訪得洙之六世孫彥繩，請授以官，俾主祀事。」又言：「其先世祭田，洪武初，輕則起科，後改徵重稅，請仍改輕，以供祀費。」帝可之。正德元年授彥繩翰林院五經博士，子孫世襲，幷減其祭田之稅。

彥繩卒，子承美，字永實，十四年襲。卒，子弘章，字以達，嘉靖二十六年襲。卒，子聞音，字知政，萬曆五年襲。卒，子貞運，字用行，四十三年襲。時以在曲阜者爲孔氏北宗，在西安者爲南宗云。

顏希惠，復聖五十九代孫也。洪武初，以顏子五十七代孫池爲宣德府學教授。十五年改三氏學教授，以奉祀事。池，字德裕。子拳，字克膺。拳子希仁，字士元。景泰三年詔以顏、孟子孫長而賢者各一人，至京官之。其年，希仁爲巡按御史顧曦所劾。詔黜希仁，召希惠以爲翰林院五經博士。未幾，以希惠非嫡子，仍以希仁長子議爲之。議，字定伯，成化元年賜第京師，入覲，馳驛以爲常。議卒，子鉉，字宗器，十八年襲。卒，子重德，字尚本，正德二年襲。卒，子從祖，字守嗣，襲。卒，無子，嘉靖四十一年以從祖從父重禮之長子肇先爲嗣。肇先，字啓源。卒，子嗣愼，字用修襲。卒，長子尹宗先卒，次子尹祚，字永錫，萬曆年襲。尹祚爲人博學好義，尹宗之子伯貞旣長，遂以其職讓之。伯貞，字叔節，二十七年襲。卒，子幼，弟伯廉，字叔清，三十四年襲。卒，子紹緒，崇禎十四年襲。

曾質粹，字好古，吉安永豐人，宗聖五十九代孫也。其先，都鄉侯據避新莽之亂，徙家豫章，子孫散居撫、吉諸郡間。成化初，山東守臣上言：「嘉祥縣南武山西南，元寨山之東麓，有漁者陷入穴中，得懸棺，碣曰曾參之墓。」詔加修築。正德間，山東僉事錢鉉訪得曾子之後一人于嘉祥山中，未幾而沒。嘉靖十二年，以學士顧鼎臣言，詔求嫡嗣。於是江西撫按以質粹名聞，命回嘉祥，以衣巾奉祀。十八年，授翰林院五經博士，子孫世襲。三十九年卒。子昊，未襲卒。昊子繼祖，字繩之，少病目，江西族人衮謀奪其職，爲給事中劉不息、御史劉光國所糾，於是罷衮官，而繼祖仍主祀事。卒，子承業，字洪福，萬曆五年襲。卒，子弘毅，字泰東，崇禎元年襲。卒，子聞達，字象輿，十四年襲。

孔聞禮，字知節，衍聖公聞韶弟也。正德二年詔授翰林院五經博士，〔一〕以奉述聖祀事。自後，世以衍聖公弟爲之。聞禮卒，嘉靖二十五年，貞寧字用致襲。卒，萬曆二十二年，蔭桂襲。卒，天啓二年，蔭隆襲。卒，八年，尙達襲。卒，崇禎十年，蔭相襲。卒，十四年，蔭錫襲。卒，十六年，蔭鈺襲。

孟希文，字士煥，亞聖五十六代孫也。洪武元年詔以孟子五十四代孫思諒奉祀，世復其家。思諒，字友道，子克仁，字信夫。克仁子希文。景泰三年授希文翰林院五經博士，子孫世襲。卒，子元，字長伯，弘治二年襲。卒，子公槃幼，嘉靖二年以元弟亨之子公肇襲。公肇，字先文，少好學，事繼母孔氏，以孝聞。卒，十二年，仍以公槃襲。公槃，字槖文。卒，子彥璞，字朝璽，隆慶元年襲。卒，子承光，萬曆二十九年襲。卒，子弘譽，天啓三年襲。卒，子聞玉，崇禎二年襲。

仲于陛，先賢仲子六十二代孫也。萬曆十五年詔以仲子五十九代孫呂爲奉祀。呂子銓。銓子則顯。則顯子于陛。崇禎十六年以衍聖公孔蔭植言，詔授于陛翰林院五經博士，子孫世襲，賜泗水縣、濟寧州田六十餘頃，廟戶三十一，以奉其祭祀焉。

周冕，先賢元公周子十二代孫也。其先，道州人，熙寧中，周子葬母江州，子孫因家廬山蓮花峰下。景泰七年，授冕翰林院五經博士，子孫世襲，還鄉以奉周子祀事。卒，子繡麟襲。卒，子道襲。卒，子聯芳襲。卒，子濟襲。卒，從弟汝忠襲。卒，子蓮應襲。

程接道，先賢正公程子後也。宋淳熙間，純公程子五世孫有居江寧者，嘗主金陵書院祀事。卒，以名幼學者承之。明初失傳。崇禎三年，河南巡按李日宣請以正公之後爲之嗣，詔許之，遂以接道爲翰林院五經博士，子孫世襲。十四年，土賊于大忠作亂，接道力拒，死之。

程克仁，先賢正公程子十七代孫也，世居嵩縣之六渾。景泰六年授翰林院五經博士，子孫世襲，以奉程子祀事。卒，子繼祖襲。卒，仲子世宥襲。卒，子心傳襲。心傳莊重寡言，爲鄉黨所稱。卒，弟宗益襲。卒，從子佳引襲。卒，從弟佳祚襲。崇禎十四年爲土賊于大忠所殺。

張文運，郿人，先賢明公張子十四代孫也。天啓二年授翰林院五經博士，子孫世襲，以奉張子祀事。崇禎三年卒，子承引，以父憂未襲。六年卒，子元祥，本朝康熙元年襲。

邵繼祖，洛陽人，先賢康節公邵子二十七代孫也。崇禎三年，河南巡按吳甡請以繼祖爲翰林院五經博士，子孫世襲，以奉邵子祀事。詔從之。卒，子養醇襲。

朱梴，字孟齡，先賢文公朱子九世孫也，世居福建建安縣之紫霞洲。景泰六年授翰林院五經博士，子孫世襲，以奉朱子祀事。梴爲人淳謹，言動有則。卒，子燉，字孔暉襲。燉以事入都，中途遇盜。未幾，有遺金道上者，燉守之，以還其人，人稱其廉介。卒，子塈，字元厚襲。卒，子瀅襲。卒，子法，字兆祖襲。法爲人孝友。卒，子樾，字士啓襲。卒，子瑩，字惟玉襲。卒，子之儁，字喬之襲。

朱墅，先賢文公朱子十一世孫也。正德間，給事中戴銑、汪元錫，御史王完等相繼言：「朱子，繼孔子者也。孔子之後有曲阜、西安，朱子之後亦有建安、婺源。今建安恩典已隆，在婺源者，請依闕里之例，錄其子孫一人，量授以官，俾掌祠事。」詔許之。嘉靖二年授墅翰林院五經博士。三十八年以本學訓導席端言，令其世襲。墅卒，子鎬襲。卒，子德洪襲。

卒，子邦相襲。卒，子煜襲。卒，子坤襲。

校勘記

〔一〕正德二年詔授翰林院五經博士　二年，原作「元年」，據本書卷七三職官志及武宗實錄卷三二正德二年十一月丙辰條改。

明史卷二百八十五

列傳第一百七十三

文苑一

明初，文學之士承元季虞、柳、黃、吳之後，師友講貫，學有本原。宋濂、王禕、方孝孺以文雄，高、楊、張、徐、劉基、袁凱以詩著。其他勝代遺逸，風流標映，不可指數，蓋蔚然稱盛已。永、宣以還，作者遞興，皆沖融演迤，不事鉤棘，而氣體漸弱。弘、正之間，李東陽出入宋、元，溯流唐代，擅聲館閣。而李夢陽、何景明倡言復古，文自西京，詩自中唐而下，一切吐棄，操觚談藝之士翕然宗之。明之詩文，於斯一變。迨嘉靖時，王愼中、唐順之輩，文宗歐、曾，詩倣初唐。李攀龍、王世貞輩，文主秦、漢，詩規盛唐。王、李之持論，大率與夢陽、景明相倡和也。歸有光頗後出，以司馬、歐陽自命，力排李、何、王、李，而徐渭、湯顯祖、袁宏道、鍾惺之屬，亦各爭鳴一時，於是宗李、何、王、李者稍衰。至啓、禎時，錢謙益、艾南英準北宋之矩矱，張溥、陳子龍擷東漢之芳華，又一變矣。有明一代，文士卓卓表見者，其源流大抵如此。今博考諸家之集，參以衆論，錄其著者，作文苑傳。

楊維楨 陸居仁 錢惟善　胡翰　蘇伯衡　王冕 郭奎 劉炳

戴良 王逢 丁鶴年　危素　張以寧 石光霽 秦裕伯

趙壎 宋僖等　徐一夔　趙撝謙 樂良等　陶宗儀 顧德輝等

袁凱　高啓 楊基等　王行 唐肅 宋克等　孫蕡 王佐等

王蒙 郭傳

楊維楨，字廉夫，山陰人。母李，夢月中金錢墜懷，而生維楨。少時，日記書數千言。父宏，築樓鐵崖山中，繞樓植梅百株，聚書數萬卷，去其梯，俾誦讀樓上者五年，因自號鐵崖。元泰定四年成進士，署天台尹，改錢清場鹽司令。狷直忤物，十年不調。會修遼、金、宋三史成，維楨著正統辯千餘言，總裁官歐陽元功讀且嘆曰：「百年後，公論定於此矣。」將薦之而不果，轉建德路總管府推官。擢江西儒學提舉，未上，會兵亂，避地富春山，徙錢塘。張士誠累招之，不赴，遣其弟士信咨訪之，因撰五論，具書復士誠，反覆告以順逆成敗之說，士誠不能用也。又忤達識丞相，徙居松江之上，海內薦紳大夫與東南才俊之士，造門納履無虛日。酒酣以往，筆墨橫飛。或戴華陽巾，披羽衣坐船屋上，吹鐵笛，作梅花弄。或呼侍兒歌白雪之辭，自倚鳳琶和之。賓客皆蹁躚起舞，以爲神仙中人。

洪武二年，太祖召諸儒纂禮樂書，以維楨前朝老文學，遣翰林詹同奉幣詣門，維楨謝曰：「豈有老婦將就木，而再理嫁者邪？」明年，復遣有司敦促，賦老客婦謠一章進御，曰：「皇帝竭吾之能，不强吾所不能則可，否則有蹈海死耳。」帝許之，賜安車詣闕廷，留百有一十日，所纂敍例略定，卽乞骸骨。帝成其志，仍給安車還山。史館胄監之士祖帳西門外，宋濂贈之詩曰「不受君王五色詔，白衣宣至白衣還」，蓋高之也。抵家卒，年七十五。

維楨詩名擅一時，號鐵崖體，與永嘉李孝光、茅山張羽、錫山倪瓚、崑山顧瑛爲詩文友，碧桃叟釋臻、知歸叟釋現、淸容叟釋信爲方外友。張雨稱其古樂府出入少陵、二李間，有曠世金石聲。宋濂稱其論撰，如覩商敦、周彝，雲雷成文，而寒芒橫逸。詩震蕩陵厲，鬼設神施，尤號名家云。

維楨徙松江時，與華亭陸居仁及僑居錢惟善相倡和。惟善，字思復，錢塘人。至正元年，省試羅剎江賦，時鎖院三千人，獨惟善據枚乘七發辨錢塘江爲曲江，由是得名，號曲江居士。官副提擧。張士誠據吳，遂不仕。居仁，字宅之，中泰定三年鄉試，隱居敎授，自號雲松野衲。兩人旣歿，與維楨同葬干山，人目爲三高士墓。

胡翰，字仲申，金華人。幼聰穎異常兒。七歲時，道拾遺金，坐守待其人還之。長從蘭谿吳師道、浦江吳萊學古文，復登同邑許謙之門。同郡黃溍、柳貫以文章名天下，見翰文，稱之不容口。游元都，公卿交譽之。與武威余闕、宣城貢師泰尤善。或勸之仕，不應。既歸，遭天下大亂，避地南華山，著書自適。文章與宋濂、王禕相上下。

太祖下金華，召見，命與許元等會食中書省。後侍臣復有薦翰者，召至金陵。時方籍金華民爲兵，翰從容進曰：「金華人多業儒，鮮習兵，籍之，徒糜餉耳。」太祖卽罷之。授衢州教授。洪武初，聘修元史，書成，受賚歸。愛北山泉石，卜築其下，徜徉十數年而終，年七十有五。所著有春秋集義，文曰胡仲子集，詩曰長山先生集。

蘇伯衡，字平仲，金華人，宋門下侍郎轍之裔也。父友龍，受業許謙之門，官蕭山令，行省都事。明師下浙東，坐長子仕閩，謫徙滁州。李善長奏官之，力辭歸。

伯衡警敏絕倫，博洽羣籍，爲古文有聲。元末貢於鄉。太祖置禮賢館，伯衡與焉。歲丙午用爲國子學錄，遷學正。被薦，召見，擢翰林編修。力辭，乞省覲歸。洪武十年，學士宋濂致仕，太祖問誰可代者，濂對曰：「伯衡，臣鄉人，學博行修，文詞蔚贍有法。」太祖卽徵之，入見，復以疾辭，賜衣鈔而還。二十一年聘主會試，事竣復辭還。尋爲處州教授，坐表箋誤，下吏死。二子恬、怡，救父，幷被刑。

王冕，字元章，諸暨人。幼貧，父使牧牛，竊入學舍，聽諸生誦書，暮乃返，亡其牛，父怒撻之，已而復然。母曰：「兒癡如此，曷不聽其所爲。」冕因去依僧寺，夜坐佛膝上，映長明燈讀書。會稽韓性聞而異之，錄爲弟子，遂稱通儒。性卒，門人事冕如事性。屢應舉不中，棄去，北游燕都，客祕書卿泰不花家，擬以館職薦，力辭不就。既歸，每大言天下將亂，攜妻孥隱九里山，樹梅千株，桃杏半之，自號梅花屋主，善畫梅，求者踵至，以幅長短爲得米之差。嘗倣周官著書一卷，曰：「持此遇明主，伊、呂事業不難致也。」太祖下婺州，物色得之，置幕府，授諮議參軍，一夕病卒。

同時郭奎、劉炳皆早參戎幕，以詩名。

奎，字子章，巢縣人。從余闕學，治經，闕亟稱之。太祖爲吳國公，來歸，從事幕府。朱文正開大都督府於南昌，命奎參其軍事，文正得罪，奎坐誅。

炳，字彥昺，鄱陽人。至正中，從軍於浙。太祖起淮南，獻書言事，用爲中書典籤。洪武初，從事大都督府，出爲知縣。閱兩考，以病告歸，久之卒。

戴良，字叔能，浦江人。通經、史百家暨醫、卜、釋、老之說。學古文於黃溍、柳貫、吳萊。貫卒，經紀其家。太祖初定金華，命與胡翰等十二人會食省中，日二人更番講經、史，陳治道。明年，用良爲學正，與宋濂、葉儀輩訓諸生。太祖既旋師，良忽棄官逸去。辛丑，元順帝用薦者言，授良江北行省儒學提舉。良見時事不可爲，避地吳中，依張士誠。久之，見士誠將敗，挈家泛海，抵登、萊，欲間行歸擴廓軍，道梗，寓昌樂數年。

洪武六年始南還，變姓名，隱四明山。太祖物色得之。十五年召至京師，試以文，命居會同館，日給大官膳，欲官之，以老疾固辭，忤旨。明年四月暴卒，蓋自裁也。元亡後，惟良與王逢不忘故主，每形於歌詩，故卒不獲其死云。

良世居金華九靈山下，自號九靈山人。

逢，字原吉，江陰人。至正中，作河清頌，臺臣薦之，稱疾辭。張士誠據吳，其弟士德用逢策，北降於元以拒明。太祖滅士誠，欲辟用之，堅臥不起，隱上海之烏涇，歌咏自適。洪武十五年以文學徵，有司敦迫上道。時子掖爲通事司令，以父年高，叩頭泣請，乃命吏部符止之。又六年卒，年七十，有梧溪詩集七卷。逢自稱席帽山人。

時又有丁鶴年者，回回人。曾祖阿老丁與弟烏馬兒皆巨商。元世祖征西域，軍乏饟，老丁杖策軍門，盡以貲獻。論功，賜田宅京師，奉朝請。烏馬兒累官甘肅行省左丞。父職馬祿丁，以世廕爲武昌縣達魯花赤，有惠政，解官，留葬其地。

至正壬辰，武昌被兵，鶴年年十八，奉母走鎭江。母歿，鹽酪不入口者五年。避地四明。方國珍據浙東，最忌色目人，鶴年轉徙逃匿，爲童子師，或寄僧舍，賣漿自給。及海內大定，牒請還武昌，而生母已道阻前死，瘞東村廢宅中，鶴年慟哭行求，母告以夢，乃嚙血沁骨，歛而葬焉。烏斯道爲作丁孝子傳。鶴年自以家世仕元，不忘故國，順帝北遁後，飲泣賦詩，情詞悽惻。晚學浮屠法，廬居父墓，以永樂中卒。

鶴年好學洽聞，精詩律，楚昭、莊二王咸禮敬之。正統中，憲王刻其遺文行世。

危素，字太樸，金谿人，唐撫州刺史全諷之後。少通五經，遊吳澄、范椁門。至正元年用大臣薦授經筵檢討。修宋、遼、金三史及注爾雅成，賜金及宮人，不受。由國子助教遷翰林編修。纂后妃等傳，事逸無據，素買餳餅饋宦寺，叩之得實，乃筆諸書，卒爲全史。遷太常博士、兵部員外郎、監察御史、工部侍郎，轉大司農丞、禮部尚書。時亂將亟，素每抗論得失。十八年參中書省事，請專任平章定住總西方兵，毋迎帝師慢軍事，用普顏不花爲參政，經略江南，立兵農宣撫使司以安畿內，任賢守令以撫流竄之民。且曰：「今日之事，宜臥薪嘗膽，力圖中興。」尋進御史臺治書侍御史。二十年拜參知政事，俄除翰林學士承旨，出爲嶺北行省左丞。言事不報，棄官居房山。

素爲人侃直，數有建白，敢任事。上都宮殿火，敕重建大安、睿思二閣，素諫止之。請親祀南郊，築北郊，以斥合祭之失。因進講陳民間疾苦，詔爲發錢粟振河南、永平民。淮南兵亂，素往廉問，假便宜發楮幣，振維揚、京口饑。

居房山者四年。明師將抵燕，淮王帖木兒不花監國，起爲承旨如故。素甫至而師入，乃趨所居報恩寺，入井。寺僧大梓力挽起之，曰：「國史非公莫知。公死，是死國史也。」素遂止。兵迫史庫，往告鎮撫吳勉輩出之，元實錄得無失。

洪武二年授翰林侍講學士，數訪以元興亡之故，且詔撰皇陵碑文，皆稱旨。頃之，坐失朝，被劾罷。居一歲，復故官，兼弘文館學士，賜小車，免朝謁。嘗偕諸學士賜宴，屢遣內官勸之酒，御製詩一章，以示恩寵，命各以詩進，素詩最後成，帝獨覽而善之曰：「素老成，有先憂之意。」時素已七十餘矣。御史王著等論素亡國之臣，不宜列侍從，詔謫居和州，守余闕廟，歲餘卒。

先是，至元間，西僧嗣古妙高欲燬宋會稽諸陵。夏人楊輦眞珈爲江南總攝，悉掘徽宗以下諸陵，攫取金寶，裒帝后遺骨，瘞於杭之故宮，築浮屠其上，名曰鎮南，以示厭勝，又截理宗顱骨爲飲器。眞珈敗，其資皆籍於官，顱骨亦入宣政院，以賜所謂帝師者。素在翰林時，宴見，備言始末。帝歎息良久，命北平守將購得顱骨於西僧汝納所，諭有司厝於高坐寺西北。其明年，紹興以永穆陵圖來獻，遂敕葬故陵，實自素發之云。

張以寧，字志道，古田人。父一清，元福建、江西行省參知政事。以寧年八歲，或訟其伯父於縣繫獄，以寧詣縣伸理，尹異之，命賦琴堂詩，立就，伯父得釋，以寧用是知名。泰定中，以春秋舉進士，由黄巖判官進六合尹，坐事免官，滯留江、淮者十年。順帝徵爲國子助教，累至翰林侍讀學士，知制誥。在朝宿儒虞集、歐陽玄、揭傒斯、黄溍之屬相繼物故，以寧有俊才，博學强記，擅名於時，人呼小張學士。

明師取元都，與危素等皆赴京，奏對稱旨，復授侍講學士，特被寵遇。帝嘗登鍾山，以寧與朱升、秦裕伯等扈從擁翠亭，給筆札賦詩。洪武二年秋，奉使安南，封其主陳日煃爲國王，御製詩一章遣之。甫抵境，而日煃卒，國人乞以印詔授其世子，以寧不聽，留居洱江上，諭世子告哀於朝，且請襲爵。既得命，俟後使者林唐臣至，然後入境將事。事竣，教世子服三年喪，令其國人效中國行頓首稽首禮。天子聞而嘉之，賜璽書，比諸陸賈、馬援，再賜御製詩八章。及還，道卒，詔有司歸其柩，所在致祭。

以寧爲人潔清，不營財產，奉使往還，襆被外無他物。本以春秋致高第，故所學尤專春秋，多所自得，撰胡傳辨疑最辨博，惟春王正月考未就，寓安南踰半歲，始卒業。元故官來京者，素及以寧名尤重。素長於史，以寧長於經。素宋、元史藁俱失傳，而以寧春秋學遂行。

門人石光霽，字仲濂，泰州人。讀書五行俱下。洪武十三年以明經舉，授國子學正，進博士，作春秋鈎玄，能傳以寧之學。

裕伯，字景容，大名人。仕元，累官至福建行省郎中。遭世亂，棄官，客揚州。久之，復避地上海。居母喪盡禮。張士誠據姑蘇，遣人招之，拒不納。吳元年，太祖命中書省檄起之。裕伯對使者曰：「食元祿二十餘年而背之，不忠也。母喪未終，忘哀而出，不孝也。」乃上中書省固辭。洪武元年復徵，稱病不出。帝乃手書諭之曰：「海濱民好鬭，裕伯智謀之士而居此地，堅守不起，恐有後悔。」裕伯拜書，涕泗橫流，不得已，偕使者入朝。授侍讀學士，固辭，不允。與張以寧等扈從，登鍾山擁翠亭，給筆札賦詩，甚見寵待。二年改待制，旋爲治書侍御史。三年始詔設科取士，以裕伯與御史中丞劉基爲京畿主考官。裕伯博辨善論說，占奏悉當帝意，帝數稱之。出知隴州，卒於官。

趙壎，字伯友，新喻人，好學，工屬文。元至正中舉於鄉，爲上猶教諭。洪武二年，太祖詔修元史，命左丞相李善長爲監修官，前起居注宋濂、漳州府通判王褘爲總裁官，徵山林遺逸之士汪克寬、胡翰、宋僖、陶凱、陳基、曾魯、高啓、趙汸、張文海、徐尊生、黃篪、傅恕、王錡、傅著、謝徽爲纂修官，而壎與焉。以是年二月，開局天界寺，取元經世大典諸書，用資參考。至八月成，諸儒並賜賚遣歸。而順帝一朝史猶未備，乃命儒士歐陽佑等往北平采遺事。明年二月還朝，重開史局，仍以宋濂、王禕爲總裁，徵四方文學士朱右、貝瓊、朱廉、王彝、張孟兼、高遜志、李懋、李汶、張宣、張簡、杜寅、殷弼、俞寅及壎爲纂修官。先後纂修三十人，兩局並與者，壎一人而已。閏六月，書成，諸儒多授官，惟壎及朱右、朱廉不受歸。〔一〕

尋召修日曆，授翰林編修。高麗遣使朝貢，賜宴，樂作，使者以國喪辭。壎進曰：「小國之喪，不廢大國之禮。」太祖甚悅，命與宋濂同職史館，濂兄事之。嘗奉詔撰甘露頌，太祖稱善。出爲靖江王府長史，卒。

始與壎同纂修者汪克寬、陶凱、曾魯、高啓、趙汸、貝瓊、高遜志並有傳，今自宋僖以下可考者，附著於篇。

宋僖，字無逸，餘姚人。元繁昌教諭，遭亂歸。史事竣，命典福建鄉試。

陳基，字敬初，臨海人。少與兄聚受業於義烏黃溍，從溍游京師，授經筵檢討。嘗爲人草諫章，力陳順帝並后之失，順帝欲罪之，引避歸里。已，奉母入吳，參太尉張士誠軍事。士誠稱王，基獨諫止，欲殺之，不果。吳平，召修元史，賜金而還。洪武三年冬卒。初，士誠與太祖相持，基在其幕府，書檄多指斥，及吳亡，吳臣多見誅，基獨免。世所傳夷白集，其指斥之文猶備列云。

張文海，鄞人，與同里傅恕並入史館。

徐尊生，字大年，淳安人。元史成，受賜歸，復同修日曆。後以宋濂薦授翰林應奉，文字草制，悉稱旨。尋以老疾辭還。

傅恕，字如心，鄞人。學通經史，與同郡烏斯道、鄭眞皆有文名。洪武二年詣闕陳治道十二策，曰：正朝廷、重守令、馭外蕃、增祿秩、均民田、更法役、黜異端、易服制、興學校、愼選舉、罷榷鹽、停榷茶。太祖嘉納之，遂命修元史。事竣，授博野知縣，後坐累死。

斯道，字繼善，慈谿人，與兄本良俱有學行。洪武中，斯道被薦授石龍知縣，調永新，坐事謫役定遠，放還，卒。斯道工古文，兼精書法。子緝，亦善詩文。洪武四年舉鄉試第一，授臨淮教諭。入見，賜之宴，賦詩稱旨，除廣信教授，自號榮陽外史。

傅著，字則明，長洲人。史成，歸爲常熟教諭。魏觀行鄉飲酒禮，長洲教諭周敏侍其父南老，著侍其父玉，皆降而北面立，觀禮者以爲盛事焉。歷官知府，卒。

謝徽，字元懿，長洲人。史成，授翰林國史院編修。尋擢吏部郎中，力辭不拜，歸。復起國子助教，卒。徽博學工詩文，與同邑高啓齊名。弟恭，字元功，亦能詩。

朱右，字伯賢，臨海人。史成，辭歸。已，徵修日曆、寶訓，授翰林編修。遷晉府右長史。九年卒官。

朱廉，字伯淸，義烏人。幼力學，從黃溍學古文。知府王宗顯辟敎郡學。李文忠鎭嚴州，延爲釣臺書院山長。洪武初，元史成，不受官歸。尋徵修日曆，除翰林編修。八年扈駕中都，進詩十章，太祖稱善，爲和六章賜之。已而授楚王經，遷楚府右長史。久之，辭疾歸。廉好程、朱之學，嘗取朱子語類，摘其精義，名曰理學纂言。

王彝，字常宗，其先蜀人，父爲崑山敎授，遂卜居嘉定。少孤貧，讀書天台山中，師事王貞文，得蘭谿金履祥之傳，學有端緒。嘗著論力詆楊維楨，目爲文妖。元史成，賜銀幣還。又以薦入翰林，母老乞歸。坐知府魏觀事，與高啓俱被殺。

張孟兼，浦江人，名丁，以字行。史成，授國子學錄，歷禮部主事、太常司丞。劉基嘗爲太祖言：「今天下文章，宋濂第一，其次卽臣基，又次卽孟兼。」太祖頷之。孟兼性傲，嘗坐累謫輸作。已，復官，太祖顧孟兼謂濂曰：「卿門人邪？」濂對：「非門人，乃邑子也。其爲文有才，臣劉基嘗稱之。」太祖熟視孟兼曰：「生骨相薄，仕宦，徐徐乃可耳。」未幾，用爲山西僉事。廉勁疾惡，糾摘奸猾，令相牽引，每事輒株連數十人。吏民聞張僉事行部，凜然墮膽。聲聞於朝，擢山東副使。布政使吳印者，僧也，太祖驟貴之，寵眷甚，孟兼易之。印謁孟兼，由中門入，孟兼杖守門卒。已，又以他事與相拄。太祖先入印言，逮笞孟兼。孟兼憤，捕爲印書奏者，欲論以罪。印復上書言狀，太祖大怒曰：「豎儒與我抗邪！」械至闕下，命棄市。

李汶，字宗茂，當塗人。博學多才，史成，除巴東知縣，移南和。晚年歸里，以經學訓後進。

張宣，字藻重，江陰人。洪武初，以考禮徵。尋預修元史，太祖親書其名，召對殿廷，卽日授翰林編修，呼爲小秀才。奉詔歸娶，年已三十矣。六年坐事謫徙濠梁，道卒。

張簡，字仲簡，吳縣人。初師張雨爲道士，隱居鴻山。元季兵亂，以母老歸養，遂返儒服。洪武三年，薦修元史。當元季，浙東、西士大夫以文墨相尙，每歲必聯詩社，聘一二文章鉅公主之，四方名士畢至，讌賞窮日夜，詩勝者輒有厚贈。臨川饒介爲元淮南行省參政，豪於詩，自號醉樵，嘗大集諸名士賦醉樵歌。簡詩第一，贈黃金一餅；高啓次之，得白金三斤；楊基又次之，猶贈一鎰。

杜寅，字彥正，吳縣人。史成，官岐寧衞知事。洪武八年，番賊旣降復叛，寅與經歷熊鼎俱被害。

徐一夔，字大章，天台人。工文，與義烏王禕善。洪武二年八月詔纂修禮書，一夔及儒士梁寅、劉于、曾魯、周子諒、胡行簡、劉宗弼、董彝、蔡深、滕公琰並與焉。〔三〕明年書成，將續修元史，禕方爲總裁官，以一夔薦。一夔遺書曰：

邇者縣令傳命，言朝廷以續修元史見徵，且云執事謂僕善敍事，薦之當路，私心竊怪執事何惓惓於不材多病之人也。僕素謂執事知我，今自審終不能副執事之望，何也？

近世論史者，莫過於日曆，日曆者，史之根柢也。自唐長壽中，史官姚璹奏請撰時政記，元和中，韋執誼又奏撰日曆。日曆以事繫日，以日繫月，以月繫時，以時繫年，猶有春秋遺意。至於起居注之說，亦專以甲子起例，蓋紀事之法無踰此也。往宋極重史事，日曆之修，諸司必關白。如詔誥則三省必書，兵機邊務則樞司必報，百官之進退，刑賞之予奪，臺諫之論列，給舍之繳駁，經筵之論答，臣僚之轉對，侍從之直前啓事，中外之囊封匭奏，下至錢穀、甲兵、獄訟、造作，凡有關政體者，無不隨日以錄。猶患其出於吏牘，或有訛失。故歐陽修奏請宰相監修者，於歲終檢點修撰官日所錄事，有失職者罰之。如此，則日曆不至訛失，他時會要之修取於此，實錄之修取於此，百年之後紀、志、列傳取於此，此宋氏之史所以爲精確也。

元朝則不然，不置日曆，不置起居注，獨中書置時政科，遣一文學掾掌之，以事付史館。及一帝崩，則國史院據所付修實錄而已。其於史事，固甚疎略。幸而天曆間虞集倣六典法，纂經世大典，一代典章文物粗備。

是以前局之史，既有十三朝實錄，又有此書可以參稽，而一時纂修諸公，如胡仲申、陶中立、趙伯友、趙子常、徐大年輩皆有史才史學，廑而成書。至若順帝三十六年之事，既無實錄可據，又無參稽之書，惟憑采訪以足成之，竊恐事未必覈也，言未必馴也，首尾未必穿貫也。而向之數公，或受官，或還山，復各散去。乃欲以不材多病如僕者承之於後，僕雖欲仰副執事之望，曷以哉！謹奉狀左右，乞賜矜察。

一夔遂不至。

未幾，用薦署杭州教授。召修大明日曆，書成，將授翰林院官，以足疾辭，賜文綺遣還。

趙撝謙，名古則，更名謙，餘姚人。幼孤貧，寄食山寺，與朱右、謝肅、徐一夔輩定文字交。天台鄭四表善易，則從之受易。定海樂良、鄞鄭眞明春秋，山陰趙俶長於說詩，迮雨善樂府，廣陵張昱工歌詩，無爲吳志淳、華亭朱芾工草書篆隸，撝謙悉與爲友。博究六經、百氏之學，尤精六書，作六書本義，復作聲音文字通，時目爲考古先生。洪武十二年命詞臣修正韻，撝謙年二十有八，應聘入京師，授中都國子監典簿。久之，以薦召爲瓊山縣學教諭。二十八年，卒於番禺。

其後，門人柴欽，字廣敬，以庶吉士與修永樂大典，進言其師所撰聲音文字通當采錄，遂奉命馳傳，卽其家取之。

樂良，字季本。迮雨，字士霖。趙俶，字本初。洪武中，官國子監博士。以年老乞歸，加翰林待制。

張昱，字光弼，廬陵人。仕元，爲江浙行省左、右司員外郎，行樞密院判官。留居西湖壽安坊，貧無以葺廬，酒間爲瞿佑誦所作詩，笑曰：「我死埋骨湖上，題曰詩人張員外墓足矣。」太祖徵至京，憫其老，曰「可閑矣」，厚賜遣還，乃自號可閑老人。年八十三卒。

吳志淳，字主一，元末知靖安、都昌二縣。奏除待制翰林，爲權倖所阻，避兵於鄞。

朱芾，字孟辨，洪武初，官編修，改中書舍人。

陶宗儀，字九成，黄巖人。父煜，元福建、江西行樞密院都事。宗儀少試有司，一不中卽棄去，務古學，無所不窺。出游浙東、西，師事張翥、李孝光、杜本。爲詩文，咸有程度，尤刻志字學，習舅氏趙雍篆法。浙帥泰不華、南臺御史丑驢舉爲行人，又辟爲教官，皆不就。張士誠據吳，署爲軍諮，亦不赴。

洪武四年詔徵天下儒士，六年命有司舉人才，皆及宗儀，引疾不赴。晚歲，有司聘爲教官，非其志也。二十九年率諸生赴禮部試，讀大誥，賜鈔歸，久之卒。所著有輟耕錄三十卷，又葺說郛、書史會要、四書備遺，並傳於世。

顧德輝，字仲瑛，崑山人。家世素封，輕財結客，豪宕自喜。年三十，始折節讀書，購古書、名畫、彝鼎、祕翫，築別業於茜涇西，曰玉山佳處，晨夕與客置酒賦詩其中。四方文學士河東張翥、會稽楊維楨、天台柯九思、永嘉李孝光，方外士張雨、于彥、成琦、元璞輩，咸主其家。園池亭榭之盛，圖史之富暨餼館聲伎，並冠絕一時。而德輝才情妙麗，與諸名士亦略相當。

嘗舉茂才，授會稽教諭，辟行省屬官，皆不就。張士誠據吳，欲强以官，去隱於嘉興之合溪。尋以子元臣爲元水軍副都萬戶，封德輝武略將軍、飛騎尉、錢塘縣男。母喪歸綽溪，士誠再辟之，遂斷髮廬墓，自號金粟道人。及吳平，父子並徙濠梁。洪武二年卒。士誠之據吳也，頗收召知名士，東南士避兵於吳者依焉。

孫作，字大雅，江陰人。爲文醇正典雅，動有據依。嘗著書十二篇，號東家子，宋濂爲作東家子傳。元季，挈家避兵於吳，盡棄他物，獨載書兩簏。士誠廩祿之，旋以母病謝去，客松江，衆爲買田築室居焉。洪武六年聘修大明日曆，授翰林編修，乞改太平府教授。召爲國子助教，尋分教中都，踰年還國學，擢授司業，歸卒於家。

元末文人最盛，其以詞學知名者，又有張憲、周砥、高明、藍仁之屬。

張憲，字思廉，山陰人。學詩於楊維楨，最爲所許。負才不羈，嘗走京師，恣言天下事，衆駭其狂。還入富春山，混緇流以自放。一日，升高呼所親，語曰：「禍至矣，亟去！」三日而寇至，死者五百家。後仕張士誠，爲樞密院都事。吳平，變姓名，寄食杭州報國寺以歿。

周砥，字履道，吳人，僑無錫。博學工文詞，與宜興馬治善，遭亂客治家，治爲具舟車，盡窮陽羨山溪之勝。其鄉多富人，與治善者咸置酒招砥。砥心厭之，一日貽書別治，夜半遁去，游會稽，歿於兵。治，字孝常，亦能詩。洪武時爲內丘知縣，終建昌知府。

高明，字則誠，永嘉人。至正五年進士，授處州錄事，辟行省掾。方國珍叛，省臣以明諳海濱事，擇以自從，與論事不合。及國珍就撫，欲留置幕下，即日解官，旅寓鄞之櫟社。太祖聞其名，召之，以老疾辭，還卒於家。

藍仁，字靜之。弟智，字明之，崇安人。元時，清江杜本隱武夷，崇尙古學，仁兄弟俱往師之，授以四明任士林詩法，遂謝科舉，一意爲詩。後辟武夷書院山長，遷邵武尉，不赴。內附後，例徙濠梁，數月放歸，卒。智，洪武十年被薦，起家廣西僉事，著廉聲。

袁凱，字景文，松江華亭人。元末爲府吏，博學有才辨，議論飈發，往往屈座人。洪武三年薦授御史。武臣恃功驕恣，得罪者漸衆，凱上言：「諸將習兵事，恐未悉君臣禮。請於都督府延通經學古之士，令諸武臣赴都堂聽講，庶得保族全身之道。」帝敕臺省延名士直午門，爲諸將說書。後帝慮囚畢，命凱送皇太子覆訊，多所矜減。凱還報，帝問：「朕與太子孰是？」凱頓首言：「陛下法之正，東宮心之慈。」帝以凱老猾持兩端，惡之。凱懼，佯狂免，告歸，久之以壽終。

凱工詩，有盛名。性詼諧，自號海叟。背戴烏巾，倒騎黑牛，游行九峰間，好事者至繪爲圖。初，在楊維楨座，客出所賦白燕詩，凱微笑，別作一篇以獻。維楨大驚賞，徧示座客，人遂呼袁白燕云。

高啓，字季迪，長洲人。博學工詩。張士誠據吳，啓依外家，居吳淞江之青丘。洪武初，被薦，偕同縣謝徽召修元史，授翰林院國史編修官，復命敎授諸王。三年秋，帝御闕樓，啓、徽俱入對，擢啓戶部右侍郎，徽吏部郎中。啓自陳年少不敢當重任，徽亦固辭，乃見許。已，並賜白金放還。啓嘗賦詩，有所諷刺，帝嗛之未發也。及歸，居靑丘，授書自給。知府魏觀爲移其家郡中，旦夕延見，甚歡。觀以改修府治，獲譴。帝見啓所作上梁文，因發怒，腰斬於市，年三十有九。

明初，吳下多詩人，啓與楊基、張羽、徐賁稱四傑，以配唐王、楊、盧、駱云。

基，字孟載，其先蜀嘉州人，祖官吳中，生基，遂家焉。九歲背誦六經，及長著書十萬餘言，名曰論鑑。遭亂，隱吳之赤山。張士誠辟爲丞相府記室，未幾辭去，客饒介所。明師下平江，基以饒氏客安置臨濠，旋徙河南。洪武二年放歸。尋起爲滎陽知縣，謫居鍾離。被薦爲江西行省幕官，以省臣得罪，落職。六年起官，奉使湖廣。召還，授兵部員外郎，遷山西副使。進按察使，被讒奪官，謫輸作，竟卒於工所。初，會稽楊維楨客吳中，以詩自豪。基於座上賦鐵笛歌，維楨驚喜，與俱東，語從游者曰：「吾在吳，又得一鐵矣。若曹就之學，優於老鐵學也。」

張羽，字來儀，後以字行，本潯陽人。從父宦江浙，兵阻不獲歸，與友徐賁約，卜居吳興。領鄉薦，爲安定書院山長，再徙於吳。洪武四年徵至京師，應對不稱旨，放還。再徵授太常司丞。太祖重其文，十六年自述滁陽王事，命羽撰廟碑。尋坐事竄嶺南，未半道，召還。羽自知不免，投龍江以死。羽文章精潔有法，尤長於詩，作畫師小米。

徐賁，字幼文，其先蜀人，徙常州，再徙平江。工詩，善畫山水。張士誠辟爲屬，已謝去。吳平，謫徙臨濠。洪武七年被薦至京。九年春，奉使晉、冀，有所廉訪。暨還，檢其橐，惟紀行詩數首，太祖悅，授給事中。改御史，巡按廣東。又改刑部主事，遷廣西參議。以政績卓異，擢河南左布政使。大軍征洮、岷，道其境，坐犒勞不時，下獄瘐死。

王行，字止仲，吳縣人。幼隨父依賣藥徐翁家，徐媼好聽稗官小說，行日記數本，爲媼誦之。媼喜，言於翁，授以論語，明日悉成誦。翁大異之，俾盡讀家所有書，遂淹貫經史百家言。未弱冠，謝去，授徒齊門，名士咸與交。富人沈萬三延之家塾，每文成，酬白金鎰計，行輒麾去曰：「使富而可守，則然臍之慘不及矣。」洪武初，有司延爲學校師。已，謝去，隱於石湖。其二子役於京，行往視之，涼國公藍玉館於家，數薦之太祖，得召見。後玉誅，行父子亦坐死。

始吳中用兵，所在多列礮石自固，行私語所知曰：「兵法柔能制剛，若植大竹於地，繫布其端，礮石至，布隨之低昂，則人不能害，而礮石無所用矣。」後常遇春取平江，果如其法。行亦自負知兵，以及於禍云。

初，高啓家北郭，與行比隣，徐賁、高遜志、唐肅、宋克、余堯臣、張羽、呂敏、陳則皆卜居相近，號北郭十友，又稱十才子。啓、賁、遜志、羽自有傳。

唐肅，字處敬，越州山陰人。通經史，兼習陰陽、醫卜、書數。少與上虞謝肅齊名，稱會稽二肅。至正壬寅舉鄉試。張士誠時，爲杭州黃岡書院山長，遷嘉興路儒學正。士誠敗，例赴京。尋以父喪還。洪武三年用薦召修禮樂書，擢應奉翰林文字。其秋，科舉行，爲分考官，免歸。六年謫佃濠梁，卒。子之淳，字愚士，宋濂亟稱之。建文二年，用方孝孺薦，擢翰林侍讀，與孝孺共領修書事，卒於官。

謝肅，官至福建僉事，坐事死。

宋克，字仲溫，長洲人。偉軀幹，博涉書史。少任俠，好學劍走馬，家素饒，結客飲博。迨壯，謝酒徒，學兵法，周流無所遇，益以氣自豪。張士誠欲羅致之，不就。性抗直，與人議論期必勝，援古切今，人莫能難也。杜門染翰，日費十紙，遂以善書名天下。時有宋廣，字昌裔，亦善草書，稱二宋。洪武初，克任鳳翔同知，卒。

堯臣，字唐卿，永嘉人。入吳，爲士誠客。城破，例徙濠梁。洪武二年放還，授新鄭丞。呂敏，字志學，無錫人。元時爲道士，洪武初，官無錫敎諭。十三年舉人才，不知其官所終。

陳則，字文度，崑山人。洪武六年舉秀才，授應天府治中。俄擢戶部侍郎，以閱實戶口，出爲大同府同知，進知府。

孫蕡，字仲衍，廣東順德人。性警敏，書無所不窺。詩文援筆立就，詞采爛然。負節概，不妄交游。何眞據嶺南，開府辟士，與王佐、趙介、李德、黃哲並受禮遇，稱五先生。廖永忠南征，蕡爲眞草降表，永忠辟典教事。洪武三年始行科舉，蕡與其選，授工部織染局使，遷虹縣主簿。兵燹後，蕡勞徠安輯，民多復業。居一年，召爲翰林典籍，與修洪武正韻。九年遣監祀四川。居久之，出爲平原主簿。坐累逮繫，俾築京師望都門城垣。蕡謳唫爲學聲，主者以奏。召見，命誦所歌詩，語皆忠愛，乃釋之。十五年起爲蘇州經歷，復坐累戍遼東。已，大治藍玉黨，蕡嘗爲玉題畫，遂論死。臨刑，作詩長謳而逝。時門生黎貞亦戍遼東，蕡屍乃得收斂。貞，字彥晦，新會人。工詩文，嘗爲本邑訓導，以事被誣，戍遼陽十八年，從游者甚衆。放還卒。

蕡所著，有通鑑前編綱目、孝經集善、理學訓蒙及西菴集、和陶集，多佚不傳。番禺趙純稱其究極天人性命之理，爲一時儒宗云。

王佐，字彥舉，先河東人，元末侍父官南雄，經亂不能歸，遂占籍南海。與蕡結詩社。搆辭敏捷，佐不如蕡，句意沉著，蕡亦不如佐。何眞使佐掌書記，參謀議。眞歸朝，佐亦還里。洪武六年被薦，徵爲給事中。太祖賜宋濂黃馬，復爲歌，命侍臣屬和，佐立成。性不樂樞要，將告歸。時告者多獲重譴，或尼之曰：「君少忍，獨不虞性命邪？」佐乃遲徊二年，卒乞骸歸。

趙介，字伯貞，番禺人。博通六籍及釋、老書。氣豪邁，無仕進意。行以囊自隨，遇景，賦詩投其中，日往來西樵泉石間。有司累薦，皆辭免。洪武二十二年坐累逮赴京，卒於南昌舟次。四子，潔、絢、繹、純，皆善詩文，工篆隸。絢，隱居不出，有父風。純，仕御史。

李德，字仲修，番禺人。洪武三年以明經薦授洛陽典史，歷南陽、西安二府幕官，並能其職。以年衰乞改漢陽教諭，秩滿，調義寧。義寧在粵西，荒陋甚，德爲振舉，文教漸興，解官歸卒。德初好爲詩，晚究洛、閩之學，謂誠意爲古聖喆心要，故嶺南人稱理學，必曰李仲修云。

黃哲，亦番禺人。歷仕州郡，以治行稱。

王蒙，字叔明，湖州人，趙孟頫之甥也。敏於文，不尙榘度。工畫山水，兼善人物。少時賦宮詞，仁和俞友仁見之，曰「此唐人佳句也」，遂以妹妻焉。元末官理問，遇亂，隱居黃鶴山，自稱黃鶴山樵。洪武初，知泰安州事。蒙嘗謁胡惟庸於私第，與會稽郭傳、僧知聰觀畫。惟庸伏法，蒙坐事被逮，瘐死獄中。

郭傳，一名正傳，字文遠。洪武七年，帝御武樓，賜學士宋濂坐，謂曰：「天下既定，朕方垂意宿學之士，卿知其人乎？」對曰：「會稽有郭傳者，學有淵源，其文雄贍新麗，其議論根據六經，異才也。」既而濂持其文以進，帝召見於謹身殿，授翰林應奉，直起居注。遷兵部主事，再遷考功監丞，進監令，出署湖廣布政司參政。

校勘記

〔一〕惟壎及朱右朱廉不受歸　朱廉，原作「朱濂」。上文作「朱廉」，太祖實錄卷四九洪武三年二月乙丑條、國榷卷四頁四〇八作「朱世廉」。按下文言「朱廉，字伯清」。「濂」字當作「廉」，據上下文改。

〔二〕滕公琰並與焉　滕公琰，原作「勝公琰」，據明史稿傳一六一徐一夔傳及太祖實錄卷四四洪武二年八月「是月」條、國榷卷三頁三九七改。

明史卷二百八十六

列傳第一百七十四

文苑二

林鴻，字子羽，福清人。洪武初，以人才薦，授將樂縣訓導，歷禮部精膳司員外郎。性脫落，不善仕，年未四十自免歸。閩中善詩者，稱十才子，鴻爲之冠。十才子者，閩鄭定，侯官王褒、唐泰，長樂高棅、王恭、陳亮，永福王偁及鴻弟子周玄、黃玄，時人目爲二玄者也。

鴻論詩，大指謂漢、魏骨氣雖雄，而菁華不足。晉祖玄虛，宋尙條暢，齊、梁以下但務春華，少秋實。惟唐作者可謂大成。然貞觀尙習故陋，神龍漸變常調，開元、天寶間聲律大備，學者當以是爲楷式。閩人言詩者率本於鴻。

晉府引禮舍人浦源，字長源，無錫人也。慕鴻名，踰嶺訪之。造其門，二玄請誦所作，曰：「吾家詩也。」鴻延之入社。

鄭定，字孟宣，嘗爲陳友定記室。友定敗，浮海亡交、廣間。久之，還居長樂。洪武中，徵授延平府訓導，歷國子助教。

王褒，字中美，鴻之兄子壻也。爲長沙學官，遷永豐知縣。永樂中，召入，預修大典，擢漢府紀善。

唐泰，字亨仲。洪武二十七年進士。歷陝西副使。

高棅，字彥恢，更名廷禮，別號漫士。永樂初，以布衣召入翰林，爲待詔，遷典籍。性善飲，工書畫，尤專於詩。其所選唐詩品彙、唐詩正聲，終明之世，館閣宗之。

王恭，字安中，隱居七巖山，自稱皆山樵者。永樂初，以儒士薦起待詔翰林，年六十餘，與修大典。書成，授翰林院典籍。

陳亮，字景明。自以故元儒生，明興累詔不出，作陳摶傳以見志。結草屋滄洲中，與三山耆彥爲九老會，終其身不仕。

王偁，字孟敭。父翰仕元，抗節死，偁方九歲，父友吳海撫教之。洪武中，領鄉薦，入國學，陳情養母。母歿，廬墓六年。永樂初，用薦授翰林檢討，與修大典。學博才雄，最爲解縉所重。自負無輩行，獨推讓同官王洪。

王洪者，字希範，錢塘人。八歲能文，十八成進士，授吏科給事中。改翰林檢討，偕偁等與修大典。歷修撰、侍講。帝頒佛曲於塞外，命洪爲文，逡巡不應詔。爲同列所排，不復進用，卒官。而偁後坐累謫交阯，復以縉事連及，繫死獄中。

黃玄，字玄之，將樂人。聞鴻棄官歸，遂攜妻子居閩縣，以歲貢官泉州訓導。

周玄，字微之，閩縣人。永樂中，以文學徵，授禮部員外郎。嘗挾書千卷止高棅家，讀十年，辭去，盡棄其書，曰：「在吾腹笥矣。」

同時趙迪、林敏、陳仲宏、鄭關、林伯璟、張友謙亦以能詩名，皆鴻之弟子。

王紱，字孟端，無錫人。博學，工歌詩，能書，寫山木竹石，妙絕一時。洪武中，坐累戍朔州。永樂初，用薦，以善書供事文淵閣。久之，除中書舍人。

紱未仕時，與吳人韓奕爲友，隱居九龍山，遂自號九龍山人。於書法，動以古人自期。畫不苟作，游覽之頃，酒酣握筆，長廊素壁淋漓霑灑。有投金幣購片楮者，輒拂袖起，或閉門不納，雖豪貴人勿顧也。有諫之者，紱曰：「丈夫宜審所處，輕者如此，重者將何以哉！」在京師，月下聞吹簫聲，乘興寫石竹圖，明旦訪其人贈之，則估客也。客以紅氍毹餽，請再寫一枝爲配。紱索前畫裂之，還其餽。一日退朝，黔國公沐晟從後呼其字，紱不應。同列語之曰：「此黔國公也。」紱曰：「我非不聞之，是必與我索畫耳。」晟走及之，果以畫請，紱頷之而已。踰數年，晟復以書來，紱始爲作畫。既而曰：「我畫直遺黔公不可。黔公客平仲微者，我友也，以友故與之，俟黔公與求則可耳。」其高介絕俗如此。

崑山夏昶者，亦善畫竹石，亞於紱。畫竹一枝，直白金一錠，然人多以餽遺得之。昶，字仲昭，永樂十三年進士，改庶吉士，歷官太常寺卿。昶與上元張益，同中進士，同以文名，同善畫竹。其後，昶見益石渠閣賦，自謂不如，遂不復作賦。益見昶所畫竹石，亦遂不復畫竹。益死土木之難。

仲微，名顯，錢塘人。嘗知滕縣事，謫戍雲南。其爲詩頗豪放自喜，雲南詩人稱平、居、陳、郭，顯其一也。

沈度，字民則。弟粲，字民望。松江華亭人。兄弟皆善書，度以婉麗勝，粲以遒逸勝。度博涉經史，爲文章絕去浮靡。洪武中，舉文學，弗就。坐累謫雲南，岷王具禮幣聘之，數進諫，未幾辭去。都督瞿能與偕入京師。成祖初卽位，詔簡能書者入翰林，給廩祿，度與吳縣滕用亨、長樂陳登同與選。是時解縉、胡廣、梁潛、王璉皆工書，度最爲帝所賞，名出朝士右。日侍便殿，凡金版玉册，用之朝廷，藏秘府，頒屬國，必命之書。遂由翰林典籍擢檢討，歷修撰，遷侍講學士。粲自翰林待詔遷中書舍人，擢侍讀，進階大理少卿。兄弟並賜織金衣，鏤姓名於象簡，泥之以金。贈父母如其官，馳傳歸，告於墓。崑山夏昺者，字孟暘，與其弟㫤以善書畫聞，同官中書舍人，時號大小中書，而度、粲號大小學士。

度性敦實，謙以下人，嚴取與。有訓導介其友求書，請識姓字於上。度沈思曰：「得非曩訐奏有司者耶？」遽却之。其友固請，終不肯書姓名。其在內廷備顧問，必以正對。粲篤於事兄，已有賜，輒歸其兄。

滕用亨，初名權，字用衡。精篆隸書。被薦時年七十矣，召見，大書麟鳳龜龍四字以進，又獻貞符詩三篇。授翰林待詔，與修永樂大典。用亨善鑒古，嘗侍帝觀畫卷，未竟，衆目爲趙伯駒，用亨曰：「此王詵筆也。」至卷尾，果然。

陳登，字思孝。初仕羅田縣丞，改蘭谿，再改浮梁。選入翰林，仍給縣丞祿，歷十年始授中書舍人。登於六書本原，博考詳究，用力甚勤。自周、秦以來，殘碑斷碣，必窮搜摩搨，審度而辨定之。得其傳者，太常卿南城程南雲也。

聶大年，字壽卿，臨川人。父同文，洪武中，官翰林侍書、中書舍人。燕王入京師，迎謁，道暍死，死後五月而大年生，母胡撫之。比長，博學，善詩古文。葉盛稱其詩，謂三十年來絕唱也。書得歐陽率更法。宣德末，薦授仁和訓導。母卒，歸葬，哀感行路。里人列其母子賢行上之有司，詔旌其門。服闋，分教常州，遷仁和教諭。景泰六年薦入翰林，未幾得疾卒。

始，尚書王直以詩寄錢塘戴文進索畫，自序昔與文進交，嘗戲作詩一聯，至是十年始成之。大年題其後曰：「公愛文進之畫，十年不忘。使以是心待天下賢者，天下寧復有遺賢哉。」直聞其言，不怒亦不薦。及大年疾篤，作詩貽直，有「鏡中白髮孰憐我，湖上青山欲待誰」句，直曰，「此欲吾志其墓耳」，遂爲之志。

劉溥，字原博，長洲人。祖彥，父士賓，皆以醫得官。溥八歲賦溝水詩，時目爲聖童。長侍祖父遊兩京，研究經史兼通天文、曆數。宣德時，以文學徵。有言溥善醫者，授惠民局副使，調太醫院吏目。恥以醫自名，日吟咏爲事。其詩初學西崑，後更奇縱，與湯胤勣、蘇平、蘇正、沈愚、王淮、晏鐸、鄒亮、蔣忠、王貞慶號「景泰十才子」，溥爲主盟。

胤勣，東甌王和曾孫，自有傳。蘇平，字秉衡，弟正，字秉貞，海寧人。兄弟並以布衣終。沈愚，字通理，崑山人，業醫終其身。王淮，字柏源，慈谿人。晏鐸，字振之，富順人。由庶吉士授御史，歷按兩畿、山東，所至有聲。坐言事謫上高典史，鄰境寇發，官兵不能討，鐸捕滅之，歸所掠於民。鄒亮，字克明，長洲人。用況鍾薦，擢吏部司務，遷御史。蔣忠，字主忠，儀眞人，徙居句容。王貞慶，字善甫，駙馬都尉寧子也。折節好士，有詩名，時稱金粟公子。

張弼，字汝弼，松江華亭人。成化二年進士。授兵部主事，進員外郎。遷南安知府，地當兩廣衝，奸人聚山谷爲惡，悉捕滅之。毁淫祠百數十區，建爲社學。謝病歸，士民爲立祠。

弼自幼穎拔，善詩文，工草書，怪偉跌宕，震撼一世。自號東海。張東海之名，流播外裔。爲詩，信手縱筆，多不屬稿，卽有所屬，以書故，輒爲人持去。與李東陽、謝鐸善。嘗自言：「吾平生，書不如詩，詩不如文。」東陽戲之曰：「英雄欺人每如此，不足信也。」鐸稱其好學不倦，詩文成一家言。子弘至，自有傳。

張泰，字亨父，太倉人。陸釴，字鼎儀，崑山人。陸容，字文量，亦太倉人。三人少齊名，號「婁東三鳳」。泰舉天順八年進士，選庶吉士，授檢討，遷修撰。爲人恬淡自守，詩名亞李東陽。弘治間，藝苑皆稱李懷麓、張滄洲，東陽有懷麓堂集，泰有滄洲集也。

鈦與泰同年進士，殿試第二。授編修，歷修撰、諭德。孝宗立，以東宮講讀勞，進太常少卿兼侍讀，得疾歸。泰、鈦皆早卒。

容，成化中進士。授南京主事，進兵部職方郎中。西番進獅子，奏請大臣往迎，容諫止之。遷浙江參政，罷歸。

程敏政，字克勤，休寧人，南京兵部尚書信子也。十歲侍父官四川，巡撫羅綺以神童薦。英宗召試，悅之，詔讀書翰林院，給廩饌。學士李賢、彭時咸愛重之，賢以女妻焉。成化二年進士及第，授編修，歷左諭德，直講東宮。翰林中，學問該博稱敏政，文章古雅稱李東陽，性行眞純稱陳音，各爲一時冠。孝宗嗣位，以宮僚恩擢少詹事兼侍講學士，直經筵。

敏政，名臣子，才高負文學，常俯視儕偶，頗爲人所疾。弘治元年冬，御史王嵩等以雨災劾敏政，因勒致仕。五年起官，〔一〕尋改太常卿兼侍讀學士，掌院事。進禮部右侍郎，專典內閣誥敕。十二年與李東陽主會試，舉人徐經、唐寅預作文，與試題合。給事中華昶劾敏政鬻題，時榜未發，詔敏政毋閱卷，其所錄者令東陽會同考官覆校。二人卷皆不在所取中，東陽以聞，言者猶不已。敏政、昶、經、寅俱下獄，坐經嘗贄見敏政，寅嘗從敏政乞文，黜爲吏，敏政勒致仕，而昺以言事不實調南太僕主簿。敏政出獄憤恚，發癰卒。後贈禮部尚書。或言敏政之獄，傅瀚欲奪其位，令昺奏之。事祕，莫能明也。

羅玘，字景鳴，南城人。博學，好古文，務爲奇奧。年四十困諸生，輸粟入國學。丘濬爲祭酒，議南人不得留北監。玘固請不已，濬罵之曰：「若識幾字，倔彊乃爾！」玘仰對曰：「惟中祕書未讀耳。」濬姑留之，他日試以文，乃大驚異。成化末，領京闈鄉試第一。明年舉進士，選庶吉士，授編修。益肆力古文，每有作，或據高樹，或閉坐一室，瞑目隱度，形容灰槁。自此文益奇，玘亦厚自負。

尤尚節義。臺諫救劉遜盡下獄，玘言當優容以全國體。中官李廣死，遺一籍，具識大臣賄交者。帝怒，命言官指名劾奏。玘上言曰：「大臣表正百僚，今若此，固宜置重典。然天下及四裔皆仰望之，一旦指名暴其惡，啓遠人慢朝廷心。言官未見籍記，憑臆而論，安辨玉石？一經攻摘，且玷終身。臣請降敕密諭，使引疾退，或斥以他事，庶不爲朝廷羞，而仕路亦清。」李夢陽下獄，玘言：「壽寧侯託肺腑，當有以保全之。夢陽不保，爲侯累。」帝深納焉。秩滿，進侍讀。

正德初，遷南京太常少卿。劉瑾亂政，李東陽依違其間。玘，東陽所舉士也，貽書責以大義，且請削門生之籍。尋進本寺卿，擢南京吏部右侍郎。遇事嚴謹，僚屬畏憚。畿輔盜縱横，而皇儲未建，玘疏論激切，且侵執政者。七年冬，考績赴都，遂引疾致仕歸。寧王宸濠慕其名，遣使餽，玘避之深山。及叛，玘已病，馳書守臣約討賊，事未舉而卒。嘉靖初，賜謚文肅，學者稱圭峰先生。

儲巏，字靜夫，泰州人。九歲能屬文。母疾，刲股療之，卒不起。家貧，力營墓域。旦哭冢，夜讀書不輟。成化十九年鄉試，明年會試，皆第一。授南京考功主事。孝宗嗣位，疏薦前直諫貶謫者，主事張吉、王純，中書舍人丁璣，進士李文祥，吉等皆錄用。久之，進郎中。吏部尚書耿裕知其賢，調北部，考注臧否，一出至公。嘗覈實一官，裕欲改其評，巏正色曰：「公所執，何異王介甫！」羣僚咸在側，裕大慚，徐曰：「郎中言是，然非我莫能容也。」擢太僕少卿，請命史官記注言動，如古左右史，時不能用。進本寺卿。

武宗立，塞上有警，條禦邊五事，又陳馬政病民者四事，多議行。正德二年改左僉都御史，總督南京糧儲。召爲戶部右侍郎，尋轉左，督倉場，所至宿弊盡釐。劉瑾用事，數陵侮大臣，獨敬巏，稱爲先生。巏憤其所爲，五年春，引疾求去。詔許乘傳，有司俟疾痊以聞。其秋，瑾敗，以故官召，辭不赴。後起南京戶部左侍郎，就改吏部，卒官。

巏體貌淸羸，若不勝衣。淳行淸修，介然自守。工詩文。好推引知名士，辟遠非類，不惡而嚴。進士顧璘嘗謁尙書邵寶，寶語曰：「子立身，當以柴墟爲法。」柴墟者，巏別號也。嘉靖初，賜謚文懿。

李夢陽，字獻吉，慶陽人。父正，官周王府敎授，徙居開封。母夢日墮懷而生，故名夢陽。弘治六年舉陝西鄉試第一，明年成進士，授戶部主事。遷郎中，榷關，格勢要，搆下獄，得釋。

十八年應詔上書，陳二病、三害、六漸，凡五千餘言，極論得失。末言：「壽寧侯張鶴齡招納無賴，罔利賊民，勢如翼虎。」鶴齡奏辨，摘疏中「陛下厚張氏」語，誣夢陽訕母后爲張氏，罪當斬。時皇后有寵，后母金夫人泣愬帝，帝不得已繫夢陽錦衣獄。尋宥出，奪俸。金夫人愬不已，帝弗聽，召鶴齡閒處，切責之，鶴齡免冠叩頭乃已。左右知帝護夢陽，請毋重罪，而予杖以洩金夫人憤。帝又弗許，謂尙書劉大夏曰：「若輩欲以杖斃夢陽耳，吾寧殺直臣快左右心乎！」他日，夢陽途遇壽寧侯，詈之，擊以馬箠，墮二齒，壽寧侯不敢校也。

孝宗崩，武宗立，劉瑾等八虎用事，尚書韓文與其僚語及而泣。夢陽進曰：「公大臣，何泣也？」文曰：「奈何？」曰：「比言官劾羣奄，閣臣持其章甚力，公誠率諸大臣伏闕爭，閣臣必應之，去若輩易耳。」文曰「善」，屬夢陽屬草。會語洩，文等皆逐去。瑾深憾之，矯旨謫山西布政司經歷，勒致仕。既而瑾復摭他事下夢陽獄，將殺之，康海爲說瑾，乃免。

瑾誅，起故官，遷江西提學副使。令甲，副使屬總督，夢陽與相抗，總督陳金惡之。監司五日會揖巡按御史，夢陽又不往揖，且敕諸生毋謁上官，卽謁，長揖毋跪。御史江萬實亦惡夢陽。淮王府校與諸生爭，夢陽笞校。王怒，奏之，下御史按治。夢陽恐萬實右王，訐萬實。詔下總督金行勘，金檄布政使鄭岳勘之。夢陽僞撰萬實劾金疏以激怒金，幷搆岳子沄通賄事。寧王宸濠者浮慕夢陽，嘗請撰陽春書院記，又惡岳，乃助夢陽劾岳。萬實復奏夢陽短，及僞爲奏章事。參政吳廷舉亦與夢陽有隙，上疏論其侵官，不俟命徑去。詔遣大理卿燕忠往鞫，召夢陽，羈廣信獄。諸生萬餘爲訟冤，不聽。劾夢陽陵轢同列，挾制上官，遂以冠帶閒住去。亦褫岳職，謫戍沄，奪廷舉俸。

夢陽既家居，益跅弛負氣，治園池，招賓客，日縱俠少射獵繁臺、晉丘間，自號空同子，名震海內。宸濠反誅，御史周宣劾夢陽黨逆，被逮。大學士楊廷和、尚書林俊力救之，坐前作書院記，削籍。頃之卒。子枝，進士。

夢陽才思雄鷙，卓然以復古自命。弘治時，宰相李東陽主文柄，天下翕然宗之，夢陽獨譏其萎弱。倡言文必秦、漢，詩必盛唐，非是者弗道。與何景明、徐禎卿、邊貢、朱應登、顧璘、陳沂、鄭善夫、康海、王九思等號十才子，又與景明、禎卿、貢、海、九思、王廷相號七才子，皆卑視一世，而夢陽尤甚。吳人黃省曾、越人周祚，千里致書，願爲弟子。迨嘉靖朝，李攀龍、王世貞出，復奉以爲宗。天下推李、何、王、李爲四大家，無不爭效其體。華州王維楨以爲七言律自杜甫以後，善用頓挫倒插之法，惟夢陽一人。而後有譏夢陽詩文者，則謂其模擬剽竊，得史遷、少陵之似，而失其眞云。

康海，字德涵，武功人。弘治十五年殿試第一，授修撰。與夢陽輩相倡和，訾議諸先達，忌者頗衆。正德初，劉瑾亂政。以海同鄉，慕其才，欲招致之，海不肯往。會夢陽下獄，書片紙招海曰：「對山救我。」對山者，海別號也。海乃謁瑾，瑾大喜，爲倒屣迎。海因設詭辭說之，瑾意解，明日釋夢陽。踰年，瑾敗，海坐黨，落職。

王九思，字敬夫，鄠人。弘治九年進士。由庶吉士授檢討。尋調吏部，至郎中，亦以瑾黨謫壽州同知。復被論，勒致仕。

海、九思同里、同官，同以瑾黨廢。每相聚沂東鄠、杜間，挾聲伎酣飲，製樂造歌曲，自比俳優，以寄其怫鬱。九思嘗費重貲購樂工學琵琶。海搊彈尤善。後人傳相倣效，大雅之道微矣。

王維楨，〔三〕字允寧。嘉靖十四年進士。擢庶吉士，累官南京國子祭酒。家居，地大震，壓死。維楨頎而皙，自負經世才，職文墨，不得少效於世，使酒謾罵，人多畏而遠之。於文好司馬遷，於詩好杜甫，而其意以夢陽兼此二人。終身所服膺效法者，夢陽也。

何景明，字仲默，信陽人。八歲能詩古文。弘治十一年舉於鄉，年方十五，宗藩貴人爭遣人負視，所至聚觀若堵。十五年第進士，授中書舍人。與李夢陽輩倡詩古文，夢陽最雄駿，景明稍後出，相與頡頏。

正德改元，劉瑾竊柄。上書吏部尚書許進勸其秉政毋撓，語極激烈。已，遂謝病歸。踰年，瑾盡免諸在告者官，景明坐罷。瑾誅，用李東陽薦，起故秩，直內閣制敕房。李夢陽下獄，衆莫敢爲直，景明上書吏部尚書楊一清救之。九年，乾清宮災，疏言義子不當畜，邊軍不當留，番僧不當寵，宦官不當任。留中。久之，進吏部員外郎，直制敕如故。錢寧欲交驩，以古畫索題，景明曰：「此名筆，毋汚人手。」留經年，終擲還之。尋擢陝西提學副使。廖鵬弟太監鑾鎭關中，橫甚，諸參隨遇三司不下馬，景明執撻之。其敎諸生，專以經術世務。遴秀者於正學書院，親爲說經，不用諸家訓詁，士始知有經學。嘉靖初，引疾歸，未幾卒，年三十有九。

景明志操耿介，尙節義，鄙榮利，與夢陽並有國士風。兩人爲詩文，初相得甚歡，名成之後，互相詆諆。夢陽主摹倣，景明則主創造，各樹堅壘不相下，兩人交游亦遂分左右袒。說者謂景明之才本遜夢陽，而其詩秀逸穩稱，視夢陽反爲過之。然天下語詩文必並稱何、李，又與邊貢、徐禎卿並稱四傑。其持論，謂：「詩溺於陶，謝力振之，古詩之法亡於謝。文靡於隋，韓力振之，古文之法亡於韓。」錢謙益撰列朝詩，力詆之。

徐禎卿，字昌穀，吳縣人。資穎特，家不蓄一書，而無所不通。自爲諸生，已工詩歌，與里人唐寅善，寅言之沈周、楊循吉，由是知名。舉弘治十八年進士。孝宗遣中使問禎卿與華亭陸深名，深遂得館選，而禎卿以貌寢不與。授大理左寺副，坐失囚，貶國子博士。

禎卿少與祝允明、唐寅、文徵明齊名，號「吳中四才子」。其爲詩，喜白居易、劉禹錫。既登第，與李夢陽、何景明游，悔其少作，改而趨漢、魏、盛唐，然故習猶在，夢陽譏其守而未化。卒，年三十有三。

禎卿體癯神淸，詩鎔鍊精警，爲吳中詩人之冠，年雖不永，名滿士林。子伯虬，舉人，亦能詩。

楊循吉，字君謙，吳縣人。成化二十年進士。授禮部主事。善病，好讀書，每得意，手足踔掉不能自禁，用是得顛主事名。一歲中，數移病不出。弘治初，奏乞改敎，不許。遂請致仕歸，年纔三十有一。結廬支硎山下，課讀經史，旁通內典、稗官。父母歿，傾貲治葬，寢苫墓側。性狷隘，好持人短長，又好以學問窮人，至頰赤不顧。淸寧宮災，詔求直言，馳疏請復建文帝尊號，格不行。武宗駐蹕南都，召賦打虎曲，稱旨，易武人裝，日侍御前爲樂府、小令。帝以優俳畜之，不授官。循吉以爲恥，閱九月辭歸。旣復召至京，會帝崩，乃還。嘉靖中，獻九廟頌及華陽求嗣齋儀，報聞而已。

晚歲落寞，益堅癖自好。尙書顧璘道吳，以幣贄，促膝論文，歡甚。俄郡守邀璘，璘將赴之，循吉忽色變，驅之出，擲還其幣。明日，璘往謝，閉門不納。卒，年八十九。其詩文，自定爲松籌堂集，他所作又十餘種，幾及千卷。

祝允明，字希哲，長洲人。祖顥，正統四年進士。內侍傳旨試能文者四人，顥與焉，入掖門，知欲令敎小內豎也，不試而出。由給事中歷山西參政，並有聲。允明以弘治五年舉於鄉，久之不第，授廣東興寧知縣。捕戮盜魁三十餘，邑以無警。稍遷應天通判，謝病歸。嘉靖五年卒。

允明生而枝指，故自號枝山，又號枝指生。五歲作徑尺字，九歲能詩。稍長，博覽羣集，文章有奇氣，當筵疾書，思若湧泉。尤工書法，名動海內。好酒色六博，善新聲，求文及書者踵至，多賄妓掩得之。惡禮法士，亦不問生產，有所入，輒召客豪飲，費盡乃已，或分與持去，不留一錢。晚益困，每出，追呼索逋者相隨於後，允明益自喜。所著有詩文集六十卷，他雜著百餘卷。

子續，正德中進士，仕至廣西左布政使。

唐寅，字伯虎，一字子畏。性穎利，與里狂生張靈縱酒，不事諸生業。祝允明規之，乃閉戶浹歲。舉弘治十一年鄉試第一，座主梁儲奇其文，還朝示學士程敏政，敏政亦奇之。

未幾，敏政總裁會試，江陰富人徐經賄其家僮，得試題。事露，言者劾敏政，語連寅，下詔獄，謫爲吏。寅恥不就，歸家益放浪。寧王宸濠厚幣聘之，寅察其有異志，佯狂使酒，露其醜穢。宸濠不能堪，放還。築室桃花塢，與客日般飲其中，年五十四而卒。

寅詩文，初尚才情，晚年頹然自放，謂後人知我不在此，論者傷之。吳中自枝山輩以放誕不羈爲世所指目，而文才輕豔，傾動流輩，傳說者增益而附麗之，往往出名敎外。

時常熟有桑悅者，字民懌，尤怪妄，亦以才名吳中。書過目，輒焚棄，曰：「已在吾腹中矣。」敢爲大言，以孟子自況。或問翰林文章，曰：「虛無人，舉天下惟悅，其次祝允明，又次羅玘。」爲諸生，上謁監司，曰「江南才子」。監司大駭，延之較書，預刊落以試悅，文義不屬者，索筆補之。年十九舉成化元年鄉試，試春官，答策語不雅馴，被斥。三試得副榜，年二十餘耳，年籍誤二爲六，遂除泰和訓導。

學士丘濬重其文，屬學使者善遇之。使者至，問：「悅不迎，豈有恙乎？」長吏皆銜之，曰：「無恙，自負才名不肯謁耳。」使者遣吏召不至，益兩使促之。悅怒曰：「始吾謂天下未有無耳者，乃今有之。與若期，三日後來，瀆則不來矣。」使者恚，欲收悅，緣濬故，不果。三日來見，長揖使者。使者怒，悅脫帽竟去。使者下階謝，乃已。

遷長沙通判，調柳州。會外艱歸，遂不出。居家益狂誕，鄉人莫不重其文，而駭其行。初，悅在京師，見高麗使臣市本朝兩都賦，無有，以爲恥，遂賦之。居長沙，著庸言，自以爲窮究天人之際。所著書，頗行於世。

邊貢，字廷實，歷城人。祖寧，應天治中。父節，代州知州。貢年二十舉於鄉，第弘治九年進士。除太常博士，擢兵科給事中。孝宗崩，疏劾中官張瑜，太醫劉文泰、高廷和用藥之謬，又劾中官苗逵、保國公朱暉、都御史史琳用兵之失。改太常丞，遷衞輝知府，改荊州，並能其官。歷陝西、河南提學副使，以母憂家居。嘉靖改元，用薦，起南京太常少卿，三遷太常卿，督四夷館，擢刑部右侍郎，拜戶部尚書，並在南京。

貢早負才名，美風姿，所交悉海內名士。久官留都，優閒無事，游覽江山，揮毫浮白，夜以繼日。都御史劾其縱酒廢職，遂罷歸。

顧璘，字華玉，上元人。弘治九年進士。授廣平知縣，擢南京吏部主事，晉郎中。正德四年出爲開封知府，數與鎭守太監廖堂、王宏忤，逮下錦衣獄，謫全州知州。秩滿，遷台州知府。歷浙江左布政使，山西、湖廣巡撫，右副都御史，所至有聲。遷吏部右侍郎，改工部。董顯陵工畢，遷南京刑部尚書。罷歸，年七十餘卒。

璘少負才名，與何、李相上下。虛己好士，如恐不及。在浙，慕孫太初一元不可得見。道衣幅巾，放舟湖上，月下見小舟泊斷橋，一僧、一鶴、一童子煮茗，笑曰：「此必太初也。」移舟就之，遂往還無間。撫湖廣時，愛王廷陳才，欲見之，廷陳不可。偵廷陳狎游，疾掩之，廷陳避不得，遂定交。旣歸，搆息園，大治幸舍居客，客常滿。

從弟瑮，字英玉，以河南副使歸，居園側一小樓，教授自給。璘時時與客豪飲，伎樂雜作。呼瑮，瑮終不赴，其孤介如此。

初，璘與同里陳沂、王韋，號「金陵三俊」。其後寶應朱應登繼起，稱四大家。璘詩，矩矱唐人，以風調勝。韋婉麗多致，頗失纖弱。沂與韋同調。應登才思泉湧，落筆千言。然璘、應登羽翼李夢陽，而韋、沂則頗持異論。三人者，仕宦皆不及璘。

陳沂，字魯南。正德中進士。由庶吉士歷編修、侍講，出爲江西參議，量移山東參政。以不附張孚敬、桂萼，改行太僕卿致仕。

王韋，字欽佩。父徽，成化時給事中，直諫有聲。韋舉弘治中進士，由庶吉士歷官太僕少卿。子逢元，亦能詩。

朱應登，字升之。弘治中進士，歷雲南提學副使，遷參政。恃才傲物，中飛語，罷歸。子日藩，嘉靖間進士，終九江知府。能文章，世其家。

南都自洪、永初，風雅未暢。徐霖、陳鐸、金琮、謝璿輩談藝正德時，稍稍振起。自璘主詞壇，士大夫希風附塵，厥道大彰。許穀、陳鳳、璿子少南、金大車、大輿、金鑾、盛時泰、陳芹之屬，並從之游。穀等皆里人，鑾僑居客也。儀眞蔣山卿、江都趙鶴亦與璘遙相應和。沿及末造，風流未歇云。

鄭善夫，字繼之，閩縣人。弘治十八年進士。連遭內外艱，正德六年始爲戶部主事，榷稅滸墅，以清操聞。時劉瑾雖誅，嬖倖用事。善夫憤之，乃告歸，築草堂金鼇峰下，爲遲清亭，讀書其中，曰：「俟天下之清也。」寡交游，日晏未炊，欣然自得。起禮部主事，進員外郎。武宗將南巡，偕同列切諫，杖於廷，罰跪五日。善夫更爲疏草，置懷中，屬其僕曰：「死卽上之。」幸不死，歎曰：「時事若此，尙可靦顏就列哉！」乞歸未得，明年力請，乃得歸。嘉靖改元，用薦起南京刑部郎中，未上，改吏部。行抵建寧，便道游武夷、九曲，風雪絕糧，得病卒，年三十有九。

善夫敦行誼，婚嫁七弟妹，貲悉推予之，葬母黨二十二人。所交盡名士，與孫一元、殷雲霄、方豪尤友善。作詩，力摹少陵。

雲霄，字近夫，壽張人，善夫同年進士。作蓄艾堂，聚書數千卷，以作者自命。正德中，官南京給事中。武宗納有娠女子馬姬宮中，雲霄偕同官疏諫，引李園、呂不韋事爲諷，不報。卒官，年三十有七。鄉人穆孔暉畏雲霄峭直，曰：「殷子恥不善，不啻負穢然。」

方豪，字思道，開化人。正德三年進士。除崑山知縣，遷刑部主事。諫武宗南巡，跪闕下五日，復受杖。歷官湖廣副使，罷歸。一元，見隱逸傳。

閩中詩文，自林鴻、高棅後，閱百餘年，善夫繼之。迨萬曆中年，曹學佺、徐𤊹輩繼起，謝肇淛、鄧原岳和之，風雅復振焉。

學佺詳見後傳。𤊹，字興公，閩縣人。兄熥，萬曆間舉人。𤊹以布衣終。博聞多識，善草隸書。積書鼇峰書舍至數萬卷。

肇淛，字在杭。萬曆三十年進士。官工部郎中，視河張秋，作北河紀略，具載河流原委及歷代治河利病。終廣西右布政使。原岳，字汝高，亦閩縣人，肇淛同年進士，終湖廣副使。

陸深，字子淵，上海人。弘治十八年進士，二甲第一。選庶吉士，授編修。劉瑾嫉翰林官亢己，悉改外，深得南京主事。瑾誅，復職，歷國子司業、祭酒，充經筵講官。奏講官撰進講章，閣臣不宜改竄。忤輔臣，謫延平同知。晉山西提學副使，改浙江。累官四川左布政使。松、茂諸番亂，深主調兵食，有功，賜金幣。嘉靖十六年召為太常卿兼侍讀學士。世宗南巡，深掌行在翰林院印，御筆删侍讀二字，進詹事府詹事，致仕。卒，諡文裕。

深少與徐禎卿相切磨，為文章有名。工書，倣李邕、趙孟頫。賞鑒博雅，為詞臣冠。然頗倨傲，人以此少之。

同邑有王圻者，字元翰。嘉靖四十四年進士。除淸江知縣，調萬安。擢御史，忤時相，出為福建按察僉事，謫邛州判官。兩知進賢、曹縣，遷開州知州。歷官陝西布政參議，乞養歸，築室淞江之濱，種梅萬樹，目曰梅花源。以著書為事，年踰耄耋，猶篝燈帳中，丙夜不輟。所撰續文獻通考諸書行世。

初，圻以奏議為趙貞吉所推。張居正與貞吉交惡，諷圻攻之，不應。高拱為圻座主，時方修隙徐階，又以圻爲私其鄉人不助己，不能無恚，遂摭拾之。

王廷陳，字穉欽，黃岡人。父濟，吏部郎中。廷陳穎慧絕人，幼好弄，父抶之，輒大呼曰：「大人奈何虐天下名士！」正德十二年成進士，選庶吉士，益恃才放恣。故事，兩學士爲館師，體嚴重，廷陳伺其退食，獨上樹杪，大聲叫呼。兩學士無如之何，佯弗聞也。武宗下詔南巡，與同館舒芬等七人將疏諫，館師石珤力止之。廷陳賦烏母謠，大書於壁以刺，珤及執政皆不悅。已而疏上，帝怒，罰跪五日，杖於廷。時已改吏科給事中，乃出爲裕州知州。

廷陳不習爲吏，又失職怨望，簿牒堆案，漫不省視。夏日裸跣坐堂皇，見飛鳥集庭樹，輒止訟者，取彈彈之。上官行部，不出迎。已而布政使陳鳳梧及巡按御史喩茂堅先後至，廷陳以鳳梧座主，特出迓。鳳梧好謂曰：「子傒我固善，御史卽來，傒之當倍謹。」廷陳許諾。及茂堅至，銜其素驕蹇，有意裁抑之，以小過榜州吏。廷陳爲跪請，茂堅故益甚。廷陳大罵曰：「陳公誤我。」直上堂搏茂堅，悉呼吏卒出，鎖其門，禁絕供億，且將具奏。茂堅大窘，鳳梧爲解，乃夜馳去。尋上疏劾之，適裕人被案者逸出，奏廷陳不法事，收捕繫獄，削籍歸。世宗踐阼，前直諫被謫者悉復官，獨廷陳以罣吏議不與。

屏居二十餘年，嗜酒縱倡樂，益自放廢。士大夫造謁，多蓬髮赤足，不具賓主禮。時衣紅紫窄袖衫，騎牛跨馬，嘯歌田野間。嘉靖十八年詔修承天大志，巡撫顧璘以廷陳及顏木、王格薦。書成，不稱旨，賜銀幣而已。廷陳才高，詩文重當世，一時才士鮮能過之。木，應山人，官亳州知州。格，京山人，官河南僉事。

李濂，字川父，祥符人。舉正德八年鄉試第一，明年成進士。授沔陽知州，稍遷寧波同知，擢山西僉事。嘉靖五年以大計免歸，年纔三十有八。濂少負俊才，時從俠少年聯騎出城，搏獸射雉，酒酣悲歌，慨然慕信陵君、侯生之爲人。一日作理情賦，友人左國璣持以示李夢陽，夢陽大嗟賞，訪之吹臺，濂自此聲馳河、雒間。既罷歸，益肆力於學，遂以古文名於時。初受知夢陽，後不屑附和。里居四十餘年，著述甚富。

校勘記

〔一〕五年起官　孝宗實錄卷一五一弘治十二年六月壬辰條作「弘治六年召還」。

〔二〕王維楨　原作「王維禎」，據卷目、本書卷九九藝文志、明進士題名碑錄嘉靖乙未科改。下同。

明史卷二百八十七

列傳第一百七十五

文苑三

文徵明 蔡羽等　黃佐 歐大任　黎民表　柯維騏　王愼中　屠應埈等　高叔嗣 蔡汝楠　陳束 任瀚　熊過　李開先　田汝成 子藝蘅　皇甫涍 弟沖　汸　濂　茅坤 子維　謝榛 盧柟　李攀龍 梁有譽等　王世貞 汪道昆　胡應麟　弟世懋　歸有光 子子慕　胡友信

文徵明，長洲人，初名壁，以字行，更字徵仲，別號衡山。父林，溫州知府。叔父森，右僉都御史。林卒，吏民醵千金爲賻。徵明年十六，悉卻之。吏民修故卻金亭，以配前守何文淵，而記其事。

徵明幼不慧，稍長，穎異挺發。學文於吳寬，學書於李應禎，〔一〕學畫於沈周，皆父友也。又與祝允明、唐寅、徐禎卿輩相切劘，名日益著。其為人和而介。巡撫俞諫欲遺之金，指所衣藍衫，謂曰：「敝至此邪？」徵明佯不喻，曰：「遭雨敝耳。」諫竟不敢言遺金事。寧王宸濠慕其名，貽書幣聘之，辭病不赴。

正德末，巡撫李充嗣薦之，會徵明亦以歲貢生詣吏部試，奏授翰林院待詔。世宗立，預修武宗實錄，侍經筵，歲時頒賜，與諸詞臣齒。而是時專尚科目，徵明意不自得，連歲乞歸。

先是，林知溫州，識張璁諸生中。璁既得勢，諷徵明附之，辭不就。楊一清召入輔政，徵明見獨後。一清亟謂曰：「子不知乃翁與我友邪？」徵明正色曰：「先君棄不肖三十餘年，苟以一字及者，弗敢忘，實不知相公與先君友也。」一清有慚色，尋與璁謀，欲徙徵明官。徵明乞歸益力，乃獲致仕。四方乞詩文書畫者，接踵於道，而富貴人不易得片楮，尤不肯與王府及中人，曰：「此法所禁也。」周、徽諸王以寶玩為贈，不啓封而還之。外國使者道吳門，望里肅拜，以不獲見為恨。文筆徧天下，門下士贋作者頗多，徵明亦不禁。嘉靖三十八年卒，年九十矣。

長子彭，字壽承，國子博士。次子嘉，字休承，和州學正。並能詩，工書畫篆刻，世其家。彭孫震孟，自有傳。

吳中自吳寬、王鏊以文章領袖館閣，一時名士沈周、祝允明輩與並馳騁，文風極盛。徵明及蔡羽、黃省曾、袁袠、皇甫沖兄弟稍後出。而徵明主風雅數十年，與之遊者王寵、陸師道、陳道復、王穀祥、彭年、周天球、錢穀之屬，亦皆以詞翰名於世。

蔡羽，字九逵，由國子生授南京翰林院孔目。自號林屋山人，有林屋、南館二集。自負甚高。文法先秦、兩漢。或謂其詩似李賀，羽曰：「吾詩求出魏、晉上，今乃爲李賀邪！」其不肯屈抑如此。

黃省曾，字勉之。舉鄉試。從王守仁、湛若水游，又學詩於李夢陽。所著有五嶽山人集。子姬水，字淳父，有文名，學書於祝允明。

袁袠，字永之，七歲能詩。舉嘉靖五年進士，改庶吉士。張璁惡之，出爲刑部主事，累遷廣西提學僉事。兩廣自韓雍後，監司謁督府，率庭跪，袠獨長揖。無何，謝病歸。子尊尼，〔三〕字魯望，亦官山東提學副使，有文名。

王寵，字履吉，別號雅宜。少學於蔡羽，居林屋者三年，既而讀書石湖。由諸生貢入國子，僅四十而卒。行楷得晉法，書無所不觀。

陸師道，字子傳。由進士授工部主事，改禮部，以養母請告歸。歸而游徵明門，稱弟子。家居十四年，乃復起，累官尚寶少卿。善詩文，工小楷古篆繪事。人謂徵明四絕，不減趙孟頫，而師道並傳之，其風尚亦略相似。平居不妄交游，長吏罕識其面。女字卿子，適趙宧光，夫婦皆有聞於時。

陳道復，名淳，以字行。祖璚，副都御史。淳受業徵明，以文行著，善書畫，自號白陽山人。

王穀祥，字祿之。由進士改庶吉士，歷官吏部員外郎。忤尚書汪鋐，左遷眞定通判以歸。與師道俱有清望。

彭年，字孔嘉，其人亦長者。周天球，字公瑕；錢穀，字叔寶。天球以書，穀以畫，皆繼徵明表表吳中者也。

其後，華亭何良俊亦以歲貢生入國學。當路知其名，用蔡羽例，特授南京翰林院孔目。良俊，字元朗。少篤學，二十年不下樓，與弟良傅並負俊才。良傅舉進士，官南京禮部郎中，而良俊猶滯場屋，與上海張之象，同里徐獻忠、董宜陽友善，並有聲。及官南京，趙貞吉、王維楨相繼掌院事，與相得甚歡。良俊居久之，慨然歎曰：「吾有清森閣在海上，藏書四萬卷，名畫百籤，古法帖彝鼎數十種，棄此不居，而僕僕牛馬走乎！」遂移疾歸。海上中倭，復居金陵者數年，更買宅居吳閶。年七十始返故里。

徐獻忠，字伯臣。嘉靖中，舉於鄉，官奉化知縣。著書數百卷。卒年七十七，王世貞私諡曰貞憲。

董宜陽，字子元。

張之象，字月鹿。祖萱，湖廣參議。父鳴謙，順天通判。之象由諸生入國學，授浙江按察司知事，以吏隱自命。歸益務撰著。晚居秀林山，罕入城市。卒年八十一。

黃佐，字才伯，香山人。祖瑜，長樂知縣，以學行聞。正德中，佐舉鄉試第一。世宗嗣位，始成進士，選庶吉士。嘉靖初，授編修，陳初政要務，又請修舉新政，疏皆留中。尋省親歸，便道謁王守仁，與論知行合一之旨，數相辨難，守仁亦稱其直諒。還朝，會出諸翰林爲外僚，除江西僉事。旋改督廣西學校，聞母病，引疾乞休，不俟報竟去，下巡撫林富逮問。富言佐誠有罪，第爲親受過，於情可原，乃令致仕。

家居九年，簡宮僚，命以編修兼司諫，尋進侍讀，掌南京翰林院。召爲右諭德，擢南京國子祭酒。母憂除服，起少詹事。謁大學士夏言，與論河套事不合。會吏部缺左侍郎，所司推禮部右侍郎崔桐及佐。給事中徐霈、御史艾朴言：「桐與左侍郎許成名競進，至相詬詈；而佐及同官王用賓亦爭覬望，惟恐或先之，宜皆止勿用。」言從中主之，遂皆賜罷。

佐學以程、朱爲宗，惟理氣之說，獨持一論。平生譔述至二百六十餘卷。所著樂典，自謂洩造化之秘。年七十七卒。穆宗詔贈禮部右侍郎，謚文裕。

佐弟子多以行業自飭，而梁有譽、歐大任、黎民表詩名最著云。

歐大任，字楨伯，順德人。由歲貢生歷官南京工部郎中，年八十而終。

黎民表，字惟敬，從化人，御史貫子也。舉鄉試，久不第，授翰林孔目，遷吏部司務。執政知其能文，用爲制敕房中書，供事內閣，加官至參議。

柯維騏，字奇純，莆田人。高祖潛，翰林學士。父英，徽州知府。維騏舉嘉靖二年進士，授南京戶部主事，未赴，輒引疾歸。張孚敬用事，創新制，京朝官病滿三年者，概罷免，維騏亦在罷中。自是謝賓客，專心讀書。久之，門人日進，先後四百餘人，維騏引掖靡倦。以辨慨近世學者樂徑易而憚積累，竊二氏之說以文其固陋也，作左右二銘，訓學者務實。

心術、端趨向爲實志，以存敬畏、密操履爲實功，而其極則以宰理人物、成能天地爲實用，作講義二卷。宋史與遼、金二史，舊分三書，維騏乃合之爲一，以遼、金附之，而列二王於本紀。褒貶去取，義例嚴整，閱二十年而始成，名之曰宋史新編。又著史記考要、續莆陽文獻志，及所作詩文集並行於世。

維騏登第五十載，未嘗一日服官。中更倭亂，故廬焚燬，家困甚，終不妄取。世味無所嗜，惟嗜讀書。撫按監司時有論薦，不復起。隆慶初，廷臣復薦。所司以維騏年高，但授承德郎致仕。卒年七十有八。孫茂竹，海陽知縣。茂竹子昶，副都御史，巡撫山西。

王愼中，字道思，晉江人。四歲能誦詩，十八舉嘉靖五年進士，授戶部主事，尋改禮部祠祭司。時四方名士唐順之、陳束、李開先、趙時春、任瀚、熊過、屠應埈、華察、陸銓、江以達、曾忭輩，〔三〕咸在部曹。愼中與之講習，學大進。

十二年，詔簡部郎爲翰林，衆首擬愼中。大學士張孚敬欲一見，辭不赴，乃稍移吏部，爲考功員外郎，進驗封郎中。忌者讒之孚敬，因覆議眞人張衍慶請封疏，謫常州通判。稍遷戶部主事、禮部員外郎，並在南京。久之，擢山東提學僉事，改江西參議，進河南參政。

侍郎王杲奉命振荒，以其事委愼中，還朝，薦愼中可重用。會二十年大計，吏部註愼中不及。而大學士夏言先嘗爲禮部尙書，愼中其屬吏也，與相忤，遂內批不謹，落其職。

愼中爲文，初主秦、漢，謂東京下無可取。已悟歐、曾作文之法，乃盡焚舊作，一意師倣，尤得力於曾鞏。順之初不服，久亦變而從之。壯年廢棄，益肆力古文，演迤詳贍，卓然成家，與順之齊名，天下稱之曰王、唐，又曰晉江、毘陵。家居，問業者踵至。年五十一而終。李攀龍、王世貞後起，力排之，卒不能掩。攀龍，愼中提學山東時所賞拔者也。愼中初號遵巖居士，後號南江。

屠應埈，字文升，平湖人，刑部尙書勳子也。舉嘉靖五年進士。由郎中改翰林，官至右諭德。

華察，字子潛，無錫人。應埈同年進士。累官侍講學士，掌南京翰林院。

陸銓，字選之，鄞人。嘉靖二年進士。與弟編修釴爭大禮，並繫詔獄，被杖，後官廣西布政使。釴終山東提學副使，兄弟皆能文。

江以達，字子順，貴溪人。嘉靖五年進士。累官福建提學僉事。

高叔嗣，字子業，祥符人。年十六，作申情賦幾萬言，見者驚異。十八舉於鄉，第嘉靖二年進士。授工部主事，改吏部。歷稽勳郎中。出爲山西左參政，斷疑獄十二事，人稱爲神。遷湖廣按察使，卒官，年三十有七。

叔嗣少受知邑人李夢陽，及官吏部，與三原馬理、武城王道同署，以文藝相磨切。其爲詩，清新婉約，雖爲夢陽所知，不宗其說。陳束序其蘇門集，謂有應物之沖澹，兼曲江之沈雄，體王、孟之清適，具高、岑之悲壯。王世貞則曰：「子業詩，如高山鼓琴，沈思忽往，木葉盡脫，石氣自青；又如衞洗馬言愁，憔悴婉篤，令人心折。」而蔡汝楠至推爲本朝第一云。兄仲嗣，官知府，亦有才名。

汝楠，字子木。兒時隨父南京，聽祭酒湛若水講學，輒有解悟。年十八，成嘉靖十一年進士，授行人。從王愼中、唐順之及叔嗣輩學爲詩。尋進刑部員外郎，徙南京刑部。善皇甫涍兄弟，尙書顧璘引爲忘年友。廷議改歸德州爲府，擢汝楠知其府事。以母憂歸，聚諸生石鼓書院，與說經。治民有惠政，旣去，士民祠祀之。歷官江西左、右布政使，擢右副都御史，巡撫河南。召爲兵部右侍郎，從諸大僚祝釐西宮，世宗望見其貌寢，改南京工部右侍郎，未幾卒。

汝楠始好爲詩，有重名。中年好經學，及官江西，與鄒守一、羅洪先游，學益進，然詩由此不工云。

陳束，字約之，鄞人。生而聰慧絕倫，好讀古書。會稽侍郎董玘官翰林時，聞束才，召視之。束垂髫而前，試詞賦立就，遂字以女，攜至京，文譽益起。

嘉靖八年廷對，世宗親擢羅洪先、程文德、楊名爲一甲，而置唐順之及束、任瀚於二甲，皆手批其卷。無何，考庶吉士，得胡經等二十人，以束及順之、瀚嘗奉御批，列經等首。座主張璁、霍韜以前此館選悉改他曹，引嫌，亦議改，乃寢前命，束授禮部主事。時有「嘉靖八才子」之稱，謂束及王愼中、唐順之、趙時春、熊過、任瀚、李開先、呂高也。四郊改建，都御史汪鋐請徙近郊居民墳墓，束疏諫，不報。遷員外郎，改編修。

束出璁、韜門，不肯親附。歲時上壽，望門投刺，輒馳馬過之。爲所惡，出爲湖廣僉事。分巡辰、沅，治有聲。稍遷福建參議，改河南提學副使。束故有嘔血疾，會科試期迫，試八郡之士，三月而畢，疾增劇，竟不起，年纔三十有三。妻董，亦能詩，束卒未幾亦卒，束竟無後。

當嘉靖初，稱詩者多宗何、李，束與順之輩厭而矯之。束早世，且藁多散逸，今所傳后岡集，僅十之一二云。

任瀚，字少海，南充人。嘉靖八年進士。改庶吉士，未上，授吏部主事。屢遷考功郎中。十八年，簡宮僚，改左春坊左司直兼翰林院檢討。明年，拜疏引疾，出郭戒行，疏再上，不報，復自引還。給事中周來劾瀚舉動任情，蔑視官守。帝令自陳，瀚語侵掌詹事霍韜。帝怒，勒爲民。久之，遇赦，復官致仕。終世宗朝，中外屢薦，不復用。神宗嗣位，四川巡撫劉思潔、曾省吾先後疏薦，優旨報聞而已。瀚少懷用世志，百家二氏之書，罔不蒐討。被廢，益反求六經，闡明聖學。晚又潛心於易，深有所得。文亦高簡。卒年九十三。

熊過，字叔仁，富順人。瀚同年進士。累官祠祭郎中，坐事貶秩，復除名爲民。

李開先，字伯華，章丘人。束同年進士。官至太常少卿。性好蓄書，李氏藏書之名聞天下。

呂高，字山甫，丹徒人。亦束同年進士。歷官山東提學副使。鄉試錄文，舊多出學使者手，巡按御史葉經乞順之文。高心憾，寓書京師友人言經紕繆。嚴嵩惡經，遂置之死。及後大計，諸御史謂經禍由高，乃斥歸，於八子中，名最下。

田汝成，字叔禾，錢塘人。嘉靖五年進士。授南京刑部主事，尋召改禮部。十年十二月上言：「陛下以青宮久虛，祈天建醮，復普放生之仁，凡羈蹄鎩羽禁在上林者，咸獲縱釋。顧使囹圄之徒久纏徽纆，衣冠之侶流竄窮荒，父子長離，魂魄永喪，此獨非陛下之赤子乎！望大廣皇仁，悉加寬宥。」忤旨，切責，停俸二月。屢遷祠祭郎中，廣東僉事，謫知滁州。

復擢貴州僉事，改廣西右參議，分守右江。龍州土酋趙楷、憑祥州土酋李寰皆弒主自立，與副使翁萬達密討誅之。努灘賊侯公丁爲亂，斷藤峽羣賊與相應。汝成復偕萬達設策誘擒公丁，而進兵討峽賊，大破之，又與萬達建善後七事，一方遂靖，有銀幣之賜。遷福建提學副使。歲當大比，預定諸生甲乙。比榜發，一如所定。

汝成博學工古文，尤善敍述。歷官西南，諳曉先朝遺事，撰炎徼紀聞。歸田後，盤桓湖山，窮浙西諸名勝，撰西湖游覽志，並見稱於時。他所論著甚多，時推其博洽。

子藝蘅，字子藝。十歲從父過采石，賦詩有警句。性放誕不羈，嗜酒任俠。以歲貢生爲徽州訓導，罷歸。作詩有才調，爲人所稱。

皇甫涍，字子安，長洲人。父錄，弘治九年進士。任重慶知府。生四子，沖、涍、汸、濂。沖、汸同登嘉靖七年鄉薦，明年，汸第進士。又三年，涍第進士。又十三年，濂亦第進士。而沖尙爲舉子。兄弟並好學工詩，稱「皇甫四傑」。

沖，字子浚，善騎射，好談兵。遇南北內訌，譔幾策、兵統、枕戈雜言三書，凡數十萬言。

涍，初授工部主事，改禮部。歷儀制員外郎，主客郎中。在儀制時，夏言爲尙書，連疏請建儲，皆涍起草，故言深知涍才。比簡宮僚，遂用爲春坊司直兼翰林檢討。言者論涍改官有私，謫廣平通判，量移南京刑部主事，進員外郎，遷浙江僉事。大計京官，以南曹事論罷，邑邑發病卒。

涍沈靜寡與，自負高俊，稍不當意，終日相對無一言。居官砥廉隅，然頗操切，多忤物，故數被讒謗云。

汸，字子循，七歲能詩。官工部主事，名動公卿，沾沾自喜，用是貶秩爲黃州推官。屢遷南京稽勳郎中，再貶開州同知，量移處州府同知。擢雲南僉事，以計典論黜。汸和易，近聲色，好狎游。於兄弟中最老壽，年八十乃卒。

濂，字子約，初授工部主事，母喪除，起故官，典惜薪廠。賈人僞增數罔利，濂按其罪。賈人女爲尙書文明妾，明召濂切責之。濂抗言曰：「公掌邦政，縱奸人干紀，又欲奪郎官法守邪？」明爲斂容謝。大計，謫河南布政司理問，終興化同知。

濂兄弟與黃魯曾、省曾爲中表兄弟，文藻亦相似。其後，里人張鳳翼、燕翼、獻翼並負才名。吳人語曰：「前有四皇，後有三張。」鳳翼、燕翼終舉人。而獻翼爲太學生，名日益高，年老矣，狂甚，爲讎家所殺。

茅坤，字順甫，歸安人。嘉靖十七年進士。歷知青陽、丹徒二縣。母憂，服闋，遷禮部主事，移吏部稽勳司，坐累，謫廣平通判。

屢遷廣西兵備僉事，轄府江道。坤雅好談兵。猺賊據鬼子諸砦，殺陽朔令。朝議大征，總督應檟以問坤。坤曰：「大征非兵十萬不可，餉稱之，今猝不能集，而賊已據險爲備。計莫若鵰勦。倏入殲其魁，他部必讋，謀自全，此便計也。」檟善之，悉以兵事委坤。連破十七砦，晉秩二等。民立祠祀之。

遷大名兵備副使，總督楊博歎爲奇才，特薦於朝。爲忌者所中，追論其先任貪汚狀，落職歸。時倭事方急，胡宗憲延之幕中，與籌兵事，奏請爲福建副使。吏部持之，乃已。家人横於里，爲巡按龐尚鵬所劾，遂褫冠帶。坤既廢，用心計治生，家大起。年九十，卒於萬曆二十九年。

坤善古文，最心折唐順之。順之喜唐、宋諸大家文，所著文編，唐、宋人自韓、柳、歐、三蘇、曾、王八家外，無所取，故坤選八大家文鈔。其書盛行海內，鄉里小生無不知茅鹿門者。鹿門，坤别號也。

少子維，字孝若，能詩，與同郡臧懋循、吳稼竳、吳夢暘，並稱四子。嘗詣闕上書，希得召見，陳當世大事，不報。

謝榛，字茂秦，臨淸人。眇一目。年十六，作樂府商調，少年爭歌之。已，折節讀書，刻意爲歌詩。西游彰德，爲趙康王所賓禮。入京師，脫盧柟於獄。李攀龍、王世貞輩結詩社，榛爲長，攀龍次之。及攀龍名大熾，榛與論生平，頗相鐫責，攀龍遂貽書絕交。世貞輩右攀龍，力相排擠，削其名於七子之列。然榛游道日廣，秦、晉諸王爭延致，大河南、北皆稱謝榛先生。趙康王卒，榛乃歸。萬曆元年冬，復游彰德，王曾孫穆王亦賓禮之。酒闌樂止，命所愛賈姬獨奏琵琶，則榛所製竹枝詞也。榛方傾聽，王命姬出拜，光華射人，藉地而坐，竟十章。榛曰：「此山人里言耳，請更製，以備房中之奏。」詰朝上新詞十四闋，姬悉按而譜之。明年元旦，便殿奏伎，酒止送客，即盛禮而歸姬於榛。榛游燕、趙間，至大名，客請賦壽詩百章，成八十餘首，投筆而逝。

當七子結社之始，尚論有唐諸家，各有所重。榛曰：「取李、杜十四家最勝者，熟讀之以會神氣，歌詠之以求聲調，玩味之以裒精華。得此三要，則浩乎渾淪，不必塑謫仙而畫少陵也。」諸人心師其言，厥後雖合力擯榛，其稱詩指要，實自榛發也。

盧柟，字少楩，濬縣人。家素封，輸貲爲國學生。博聞强記，落筆數千言。爲人跅弛，好使酒罵座。常爲具召邑令，日晏不至，柟大怒，徹席滅炬而臥。令至，柟已大醉，不具賓主禮。會柟役夫被搒，他日牆壓死，令即捕柟，論死，繫獄，破其家。里中兒爲獄卒，恨柟，笞之數百，謀以土囊壓殺之，爲他卒救解。柟居獄中，益讀所攜書，作幽鞫、放招二賦，詞旨沈鬱。

謝榛入京師，見諸貴人，泣訴其冤狀曰：「生有一盧柟不能救，乃從千古哀沅而弔湘乎！」平湖陸光祖選得濬令，因榛言平反其獄。柟出，走謁榛。榛方客趙康王所，王立召見柟，禮爲上賓。諸宗人以王故爭客柟，柟酒酣罵座如故。及光祖爲南京禮部郎，柟往訪之，偏游吳會無所遇，還益落魄嗜酒，病三日卒。柟騷賦最爲王世貞所稱，詩亦豪放如其爲人。

李攀龍，字于鱗，歷城人。九歲而孤，家貧，自奮於學。稍長爲諸生，與友人許邦才、殷士儋學爲詩歌。已，益厭訓詁學，日讀古書，里人共目爲狂生。舉嘉靖二十三年進士，授刑部主事。歷員外郎、郎中，稍遷順德知府，有善政。上官交薦，擢陝西提學副使。鄉人殷學爲巡撫，檄令屬文，攀龍怫然曰：「文可檄致邪？」拒不應。會其地數震，攀龍心悸，念母思歸，遂謝病。故事，外官謝病不再起，吏部重其才，用何景明例，特予告歸。予告者，例得再起。

攀龍既歸，構白雪樓，名曰益高。賓客造門，率謝不見，大吏至，亦然，以是得簡傲聲。獨故交殷、許輩過從靡間。時徐中行亦家居，坐客恒滿，二人聞之，交相得也。歸田將十年，隆慶改元，薦起浙江副使，改參政，擢河南按察使。攀龍至是摧亢爲和，賓客亦稍稍進。無何，奔母喪歸，哀毀得疾，疾少間，一日心痛卒。

攀龍之始官刑曹也，與濮州李先芳、臨清謝榛、孝豐吳維岳輩倡詩社。王世貞初釋褐，先芳引入社，遂與攀龍定交。明年，先芳出爲外吏。又二年，宗臣、梁有譽入，是爲五子。未幾，徐中行、吳國倫亦至，乃改稱七子。諸人多少年，才高氣銳，互相標榜，視當世無人，七才子之名播天下。擯先芳、維岳不與，已而榛亦被擯，攀龍遂爲之魁。其持論謂文自西京，詩自天寶而下，俱無足觀，於本朝獨推李夢陽。諸子翕然和之，非是，則詆爲宋學。攀龍才思勁鷙，名最高，獨心重世貞，天下亦並稱王、李。又與李夢陽、何景明並稱何、李、王、李。其爲詩，務以聲調勝，所擬樂府，或更古數字爲己作，文則聱牙戟口，讀者至不能終篇。好之者推爲一代宗匠，亦多受世抉摘云。自號滄溟。

梁有譽、宗臣、徐中行、吳國倫，皆嘉靖二十九年進士。有譽除刑部主事，居三年，以念母告歸，杜門讀書。大吏至，辭不見。卒年三十六。

宗臣，字子相，揚州興化人。由刑部主事調考功，謝病歸，築室百花洲上，讀書其中。起故官，移文選。進稽勳員外郎，嚴嵩惡之，出爲福建參議。倭薄城，臣守西門，納鄉人避難者萬人。或言賊且迫，曰：「我在，不憂賊也。」與主者共擊退之。尋遷提學副使，卒官，士民皆哭。

徐中行，字子輿，長興人。美姿容，善飲酒。由刑部主事歷員外郎、郎中，稍遷汀州知府。廣東賊蕭五來犯，禦之，有功。策其且走，俾武平令徐甫宰邀擊之，讓功甫宰，甫宰得優擢。尋以父憂歸，補汝寧，坐大計，貶長蘆鹽運判官。遷湖廣僉事，掩捕湖盜柯彩鳳，得其積貯，活饑民萬餘。累官江西左布政使，萬曆六年卒官。中行性好客，無賢愚貴賤，應之不倦，故其死也，人多哀之。

吳國倫，字明卿，興國人。由中書舍人擢兵科給事中。楊繼盛死，倡衆賻送，忤嚴嵩，假他事謫江西按察司知事。量移南康推官，調歸德，居二歲棄去。嵩敗，起建寧同知，累遷河南左參政，大計罷歸。國倫才氣橫放，好客輕財。歸田後聲名籍甚，求名之士，不東走太倉，則西走興國。萬曆時，世貞既沒，國倫猶無恙，在七子中最爲老壽。

王世貞，字元美，太倉人，右都御史忬子也。生有異稟，書過目，終身不忘。年十九，舉嘉靖二十六年進士。授刑部主事。世貞好爲詩古文，官京師，入王宗沐、李先芳、吳維岳等詩社，又與李攀龍、宗臣、梁有譽、徐中行、吳國倫輩相倡和，紹述何、李，名日益盛。屢遷員外郎、郎中。

奸人閻姓者犯法，匿錦衣都督陸炳家，世貞搜得之。炳介嚴嵩以請，不許。楊繼盛下吏，時進湯藥。其妻訟夫冤，爲代草。既死，復棺殮之。嵩大恨。吏部兩擬提學皆不用，用爲青州兵備副使。父忬以灤河失事，嵩搆之，論死繫獄。世貞解官奔赴，與弟世懋日蒲伏嵩門，涕泣求貸。嵩陰持忬獄，而時爲謾語以寬之。兩人又日囚服跽道旁，遮諸貴人輿，搏顙乞救。諸貴人畏嵩不敢言，忬竟死西市。兄弟哀號欲絕，持喪歸，蔬食三年，不入內寢。既除服，猶却冠帶，苴履葛巾，不赴宴會。

隆慶元年八月，兄弟伏闕訟父冤，言爲嵩所害，大學士徐階左右之，復忬官。世貞意不欲出，會詔求直言，疏陳法祖宗、正殿名、廣恩義、寬禁例、修典章、推德意、昭爵賞、練兵實八事，以應詔。無何，吏部用言官薦，令以副使涖大名。遷浙江右參政，山西按察使。母憂歸，服除，補湖廣，旋改廣西右布政使，入爲太僕卿。

萬曆二年九月以右副都御史撫治鄖陽，數條奏屯田、戍守、兵食事宜，咸切大計。有奸僧僞稱樂平王次子，奉高皇帝御容、金牒，行游天下。世貞曰：「宗藩不得出城，而譸張如此，必僞也。」捕訊之，服辜。

張居正枋國，以世貞同年生，有意引之，世貞不甚親附。所部荆州地震，引京房占，謂臣道太盛，坤維不寧，用以諷居正。居正婦弟辱江陵令，世貞論奏不少貸。居正積不能堪，會遷南京大理卿，爲給事中楊節所劾，卽取旨罷之。後起應天府尹，復被劾罷。居正歿，起南京刑部右侍郎，辭疾不赴。久之，所善王錫爵秉政，起南京兵部右侍郎。先是，世貞爲副都御史及大理卿、應天尹與侍郎，品皆正三。世貞通理前俸，得考滿廕子。比擢南京刑部尙書，御史黃仁榮言世貞先被劾，〔四〕不當計俸，據故事力爭。世貞乃三疏移疾歸。二十一年卒於家。

世貞始與李攀龍狎主文盟，攀龍歿，獨操柄二十年。才最高，地望最顯，聲華意氣籠蓋海內。一時士大夫及山人、詞客、衲子、羽流，莫不奔走門下。片言褒賞，聲價驟起。其持論，文必西漢，詩必盛唐，大曆以後書勿讀，而藻飾太甚。晚年，攻者漸起，世貞顧漸造平淡。病亟時，劉鳳往視，見其手蘇子瞻集，諷翫不置也。

世貞自號鳳洲，又號弇州山人。其所與遊者，大抵見其集中，各爲標目。曰前五子者，攀龍、中行、有譽、國倫、臣也。後五子則南昌余曰德、蒲圻魏裳、歙汪道昆、銅梁張佳胤、新蔡張九一也。廣五子則崑山俞允文、濬盧柟、濮州李先芳、孝豐吳維岳、順德歐大任也。續五子則陽曲王道行、東明石星、從化黎民表、南昌朱多煃、常熟趙用賢也。末五子則京山李維楨、鄞屠隆、南樂魏允中、蘭谿胡應麟，而用賢復與焉。其所去取，頗以好惡爲高下。

余曰德，字德甫，張佳胤，字肖甫，張九一，字助甫，世貞詩所謂「吾黨有三甫」也。魏裳，字順甫，與曰德俱嘉靖二十九年進士。曰德終福建副使，裳終濟南知府。九一，嘉靖三十二年進士，終巡撫寧夏僉都御史。佳胤自有傳。

汪道昆，字伯玉，世貞同年進士。大學士張居正亦其同年生也，父七十壽，道昆文當其意，居正亟稱之。世貞筆之藝苑巵言曰：「文繁而有法者于鱗，簡而有法者伯玉。」道昆由是名大起。晚年官兵部左侍郎，世貞亦嘗貳兵部，天下稱「兩司馬」。世貞頗不樂，嘗自悔獎道昆爲違心之論云。

胡應麟，幼能詩。萬曆四年舉於鄉，久不第，築室山中，搆書四萬餘卷，手自編次，多所撰著。攜詩謁世貞，世貞喜而激賞之，歸益自負。所著詩藪二十卷，大抵奉世貞巵言爲律令，而敷衍其說，謂詩家之有世貞，集大成之尼父也。其貢諛如此。

世貞弟世懋，字敬美。嘉靖三十八年成進士，即遭父憂。父雪，始選南京禮部主事。歷陝西、福建提學副使，再遷太常少卿，先世貞三年卒。好學，善詩文，名亞其兄。世貞力推引之，以爲勝己，攀龍、道昆輩因稱爲「少美」。

世貞子士騏，字冏伯，舉鄉試第一，登萬曆十七年進士，終吏部員外郎，亦能文。

歸有光，字熙甫，崑山人。九歲能屬文，弱冠盡通五經、三史諸書，師事同邑魏校。嘉靖十九年舉鄉試，八上春官不第。徙居嘉定安亭江上，讀書談道。學徒常數百人，稱爲震川先生。

四十四年始成進士，授長興知縣。用古教化爲治。每聽訟，引婦女兒童案前，刺刺作吳語，斷訖遣去，不具獄。大吏令不便，輒寢閣不行。有所擊斷，直行己意。大吏多惡之，調順德通判，專轄馬政。明世，進士爲令無遷倅者，名爲遷，實重抑之也。隆慶四年，大學士高拱、趙貞吉雅知有光，引爲南京太僕丞，留掌內閣制敕房，修世宗實錄，卒官。

有光爲古文，原本經術，好太史公書，得其神理。時王世貞主盟文壇，有光力相觝排，目爲妄庸巨子。世貞大憾，其後亦心折有光，爲之讚曰：「千載有公，繼韓、歐陽。余豈異趨，久而自傷。」其推重如此。

有光少子子慕，字季思。舉萬曆十九年鄉試，再被放，卽屏居江村，與無錫高攀龍最善。其歿也，巡按御史祁彪佳請於朝，贈翰林待詔。

有光制舉義，湛深經術，卓然成大家。後德淸胡友信與齊名，世並稱歸、胡。

友信，字成之，隆慶二年進士。授順德知縣。歲賦率奸胥攬輸，稍以所入啗長吏，謂之月錢。友信與民約，歲爲三限，多寡皆自輸，不取贏，閭里無妄費，而公賦以充。海寇竊發，官軍往討，民間驛騷。部內烏洲、大洲，賊所巢穴，諸惡少爲賊耳目。友信悉勾得之，捕誅其魁，餘黨解散。鄉立四應社，一鄉有警，三鄉鼓而援之，不援者罪同賊，賊不敢發。歲大凶，民饑死無敢爲惡者。

初，友信慮民輕法，涖以嚴，後令行禁止，更爲寬大，或旬日不笞一人。其治縣如家，弊修墮舉，學校城池，咸爲更新。督課邑子弟，敎化興起。卒官，士民立祠奉祀。

友信博通經史，學有根柢。明代舉子業最擅名者，前則王鏊、唐順之，後則震川、思泉。思泉，友信別號也。

校勘記

〔一〕學書於李應禎　李應禎，原作「李應楨」，據明史稿傳一六三文徵明傳、孝宗實錄卷七八弘治六年七月壬寅條改。

〔二〕子尊尼　尊尼，原作「曾尼」，據本書卷九藝文志、明史稿傳一六三文徵明傳改。

〔三〕曾忭輩　曾忭，原作「曾汴」，據明史稿傳一六三王愼中傳、明進士題名碑錄嘉靖丙戌科改。

〔四〕御史黃仁榮言世貞先被劾　黃仁榮，原作「黃世榮」，據本書卷二一九許國傳、神宗實錄卷二一五萬曆十七年九月己未條改。

明史卷二百八十八

列傳第一百七十六

文苑四

李維楨 郝敬　徐渭 屠隆　王穉登 俞允文　王叔承　瞿九思　唐時升　婁堅　李流芳　程嘉燧　焦竑 黃輝　陳仁錫　董其昌 莫如忠　邢侗　米萬鍾　袁宏道 鍾惺　譚元春　王惟儉 李日華　曹學佺 曾異撰　王志堅　艾南英 章世純　羅萬藻　陳際泰　張溥 張采

李維楨，字本寧，京山人。父裕，福建布政使。維楨舉隆慶二年進士，由庶吉士授編修。萬曆時，穆宗實錄成，進修撰。出爲陝西右參議，遷提學副使。浮沉外僚，幾三十年。天啓初，以布政使家居，年七十餘矣。會朝議登用耆舊，召爲南京太僕卿，旋改太常，未赴。聞諫官有言，辭不就。時方修神宗實錄，給事中薛大中特疏薦之，未及用。四年月，太常卿董其昌復薦之，乃召爲禮部右侍郎，甫三月進尙書，並在南京。維楨緣史事起用，乃館中諸臣憚其以前輩壓己，不令入館，但超遷其官。維楨亦以年衰，明年正月力乞骸骨去。又明年卒於家，年八十。崇禎時，贈太子太保。

維楨弱冠登朝，博聞强記，與同館許國齊名。館中爲之語曰：「記不得，問老許；做不得，問小李。」維楨爲人，樂易闊達，賓客雜進。其文章，弘肆有才氣，海內請求者無虛日，能屈曲以副其所望。碑版之文，照耀四裔。門下士招富人大賈，受取金錢，代爲請乞，亦應之無倦，負重名垂四十年。然文多率意應酬，品格不能高也。

邑人郝敬，字仲輿。父承健，舉於鄉，官肅寧知縣。敬幼稱神童，性跅弛，嘗殺人繫獄。維楨，其父執也，援出之，館於家。始折節讀書，舉萬曆十七年進士。歷知縉雲、永嘉二縣，並有能聲。徵授禮科給事中，乞假歸養。久之，補戶科，數有所論奏。

山東稅監陳增貪橫，爲益都知縣吳宗堯所奏，帝不罪。敬上言：「開採不罷，則陛下明旨不過爲愚弄臣民之虛文。乞先停止，然後以宗堯所奏下撫按勘覈，正增不法之罪。」不聽。頃之，山東巡撫尹應元亦極論增罪，帝怒，切責應元，斥宗堯爲民。敬再上言：「陛下處陳增一事，甚失衆心。」帝怒，奪俸一年。帝遣中官高宋榷稅京口，暨祿榷稅儀眞，敬復力諫。宗堯之劾增也，增怒甚，誣訐其贓私，詞連青州一府官僚，旁引商民吳時奉等，請皆籍沒，帝輒可之。敬復力詆增，乞速寢其奏，亦不納。坐事，謫知江陰縣。貪汚不檢，物論皆不予，遂投劾歸，杜門著書。崇禎十二年卒。

徐渭，字文長，山陰人。十餘歲倣揚雄解嘲作釋毁，長師同里季本。爲諸生，有盛名。總督胡宗憲招致幕府，與歙余寅、鄞沈明臣同筦書記。宗憲得白鹿，將獻諸朝，令渭草表，幷他客草寄所善學士，擇其尤上之。學士以渭表進，世宗大悅，益寵異宗憲，宗憲以是益重渭。宗憲嘗宴將吏於爛柯山，酒酣樂作，明臣作鐃歌十章，中有云「狹巷短兵相接處，殺人如草不聞聲」。宗憲起，捋其鬚曰：「何物沈生，雄快乃爾！」即命刻於石，寵禮與渭埒。督府勢嚴重，將吏莫敢仰視。渭角巾布衣，長揖縱談。幕中有急需，夜深開戟門以待。渭或醉不至，宗憲顧善之。寅、明臣亦頗負崖岸，以侃直見禮。

渭知兵，好奇計，宗憲擒徐海，誘王直，皆預其謀。藉宗憲勢，頗橫。及宗憲下獄，渭懼禍，遂發狂，引巨錐剚耳，深數寸，又以椎碎腎囊，皆不死。已，又擊殺繼妻，論死繫獄，里人張元忭力救得免。乃游金陵，抵宣、遼，縱觀諸邊阨塞，善李成梁諸子。入京師，主元忭。

元忭導以禮法，渭不能從，久之怒而去。後元忭卒，白衣往弔，撫棺慟哭，不告姓名去。

渭天才超軼，詩文絕出倫輩。善草書，工寫花草竹石。嘗自言：「吾書第一，詩次之，文次之，畫又次之。」當嘉靖時，王、李倡七子社，謝榛以布衣被擯。渭憤其以軒冕壓韋布，誓不入二人黨。後二十年，公安袁宏道游越中，得渭殘帙以示祭酒陶望齡，相與激賞，刻其集行世。

寅，字仲房。明臣，字嘉則。皆有詩名。

屠隆者，字長卿，明臣同邑人也。生有異才，嘗學詩於明臣，落筆數千言立就。族人大山、里人張時徹方爲貴官，共相延譽，名大噪。舉萬曆五年進士，除潁上知縣，調繁青浦。時招名士飲酒賦詩，游九峰、三泖，以仙令自許，然於吏事不廢，士民皆愛戴之。遷禮部主事。

西寧侯宋世恩兄事隆，宴游甚歡。刑部主事俞顯卿者，險人也，嘗爲隆所詆，心恨之。訐隆與世恩淫縱，詞連禮部尚書陳經邦。隆等上疏自理，幷列顯卿挾仇誣陷狀。所司乃兩黜之，而停世恩俸半歲。隆歸，道青浦，父老爲斂田千畝，請徙居。隆不許，歡飲三日謝去。

歸益縱情詩酒，好賓客，賣文爲活。詩文率不經意，一揮數紙。嘗戲命兩人對案拈二題，各賦百韻，咄嗟之間二章並就。又與人對弈，口誦詩文，命人書之，書不逮誦也。子婦沈氏，修撰懋學女，與隆女瑤瑟並能詩。隆有所作，兩人輒和之。兩家兄弟合刻其詩，曰留香草。

王穉登，字伯穀，長洲人。四歲能屬對，六歲善擘窠大字，十歲能詩，長益駿發有盛名。嘉靖末，遊京師，客大學士袁煒家。煒試諸吉士紫牡丹詩，不稱意。命穉登爲之，有警句。煒召數諸吉士曰：「君輩職文章，能得王秀才一句耶？」將薦之朝，不果。隆慶初，復遊京師，徐階當國，頗修憾於煒。或勸穉登弗名袁公客，不從，刻燕市、客越二集，備書其事。

吳中自文徵明後，風雅無定屬。穉登嘗及徵明門，遙接其風，主詞翰之席者三十餘年。嘉、隆、萬曆間，布衣、山人以詩名者十數，俞允文、王叔承、沈明臣輩尤爲世所稱，然聲華烜赫，穉登爲最。申時行以元老里居，特相推重。王世貞與同郡友善，顧不甚推之。及世貞歿，其仲子士驌坐事繫獄，穉登爲傾身救援，人以是重其風義。萬曆中，詔修國史，大學士趙志皐輩薦穉登及其同邑魏學禮、江都陸弼、黃岡王一鳴。有詔徵用，未上，而史局罷。卒年七十餘。子留，字亦房，亦以詩名。

俞允文，字仲蔚，崑山人。其父舉進士，官大理評事。允文年十五爲馬鞍山賦，援据該博。年未四十，謝去諸生，專力於詩文書法。與王世貞善，而不喜李攀龍詩，其持論不苟同如此。

王叔承，字承父，吳江人。少孤，治經生業，以好古謝去。貧，贅婦家，爲婦翁所逐，不予一錢，乃攜婦歸奉母，貧益甚。入都，客大學士李春芳所。性嗜酒，春芳有所譔述，覓之，往往臥酒樓，欠伸弗肯應。久之，乃謝歸。太倉王錫爵，其布衣交也。再召，會有三王並封之議，叔承遺書數千言，謂當引大義以去就力爭，不當依違兩端，負主恩，辜物望。錫爵得書歎服。其詩，極爲世貞兄弟所許。卒於萬曆中。

瞿九思，字睿夫，黃梅人。父晟，嘉靖三十二年進士。歷官廣平知府。鑿長渠三百里，引水爲四閘，得田數十萬畝。卒於官。

九思十歲從父官吉安，事羅洪先。十五作定志論。後從同郡耿定向游，學益進。舉萬曆元年鄉試。居二年，縣令張維翰違制苛派，民聚毆之，維翰坐九思倡亂。巡按御史向程劾維翰激變。吏部尚書張瀚言御史議非是，九思遂長流塞下。子甲，年十三，爲書數千言，歷抵公卿，訟父冤。甲弟罕，亦伏闕上書求宥。屠隆作訟瞿生書，遍告中外，馮夢禎亦白於楚中當事，而張居正故才九思，乃獲釋歸。三十七年，以撫按疏薦，授翰林待詔，力辭不受。詔有司歲給米六十石，終其身。乃撰樂章及萬曆武功錄，遣罕詣闕上之。卒年七十一。

九思學極奥博，其文章不雅馴，然一時嗜古篤志之士亦鮮其儔。

甲，字釋之，年十九舉於鄉，早卒。罕，字曰有，七歲能文。白父冤時，往返徒步，不避寒餒，天下稱雙孝。崇禎時，辟舉知州。

唐時升，字叔達，嘉定人。父欽訓，與歸有光善，故時升早登有光之門。年未三十，謝舉子業，專意古學。王世貞官南都，延之邸舍，與辨晰疑義。時升自以出歸氏門，不肯復稱王氏弟子。及王錫爵枋國，其子衡邀時升入都，值塞上用兵，逆斷其情形虚實，將帥勝負，無一爽者。家貧，好施予，灌園藝蔬，蕭然自得。詩援筆成，不加點竄，文得有光之傳。與里人婁堅、程嘉燧並稱曰「練川三老」。卒於崇禎九年，年八十有六。

婁堅，字子柔。幼好學，其師友皆出有光門。堅學有師承，經明行修，鄉里推爲大師。貢於國學，不仕而歸。工書法，詩亦清新。四明謝三賓知縣事，合時升、堅、嘉燧及李流芳詩刻之，曰嘉定四先生集。

流芳，字長蘅，萬曆三十四年舉於鄉。工詩善書，尤精繪事。天啓初，會試北上，抵近郊聞警，賦詩而返，遂絕意進取。

程嘉燧，字孟陽，休寧人，僑居嘉定。工詩善畫。與通州顧養謙善。友人勸詣之，乃渡江寓古寺，與酒人歡飲三日夜，賦咏古五章，不見養謙而返。崇禎中，常熟錢謙益以侍郎罷歸，築耦耕堂，邀嘉燧讀書其中。閱十年返休寧，遂卒，年七十有九。謙益最重其詩，稱曰松圓詩老。

焦竑，字弱侯，江寧人。爲諸生，有盛名。從督學御史耿定向學，復質疑於羅汝芳。舉嘉靖四十三年鄉試，下第還。定向遴十四郡名士讀書崇正書院，以竑爲之長。及定向里居，復往從之。萬曆十七年，始以殿試第一人官翰林修撰，益討習國朝典章。二十二年，大學士陳于陛建議修國史，欲竑專領其事，竑遜謝，乃先撰經籍志，其他率無所撰，館亦竟罷。

翰林教小內侍書者，衆視爲具文，竑獨曰：「此曹他日在帝左右，安得忽之。」取古奄人善惡，時與論說。

皇長子出閣，竑爲講官。故事，講官進講罕有問者。竑講畢，徐曰：「博學審問，功用維均，敷陳或未盡，惟殿下賜明問。」皇長子稱善，然無所質難也。一日，竑復進曰：「殿下言不易發，得毋諱其誤耶？解則有誤，問復何誤？古人不恥下問，願以爲法。」皇長子復稱善，亦竟無所問。竑乃與同列謀先啓其端，適講舜典，竑舉「稽於衆，舍己從人」爲問。皇長子曰：「稽者，考也。考集衆思，然後舍己之短，從人之長。」又一日，舉「上帝降衷，若有恒性」。皇長子曰：「此無他，卽天命之謂性也。」時方十三齡，答問無滯，竑亦竭誠啓迪。嘗講次，羣鳥飛鳴，皇長子仰視，竑輟講肅立。皇長子斂容聽，乃復講如初。竑嘗採古儲君事可爲法戒者爲養正圖說，擬進之。同官郭正域輩惡其不相聞，目爲賈譽，竑遂止。竑既負重名，性復疎直，時事有不可，輒形之言論，政府亦惡之，張位尤甚。二十五年主順天鄉試，舉子曹蕃等九人文多險誕語，竑被劾，謫福寧州同知。歲餘大計，復鐫秩，竑遂不出。

竑博極羣書，自經史至稗官、雜說，無不淹貫。善爲古文，典正馴雅，卓然名家。集名澹園，竑所自號也。講學以汝芳爲宗，而善定向兄弟及李贄，時頗以禪學譏之。萬曆四十八年卒，年八十。熹宗時，以先朝講讀恩，復官，贈諭德，賜祭廕子。福王時，追諡文端。子潤生，見忠義傳。

黃輝，字平倩，一字昭素，南充人。竑同年進士。幼穎異，父子元，官湖廣，御史屬訊疑獄，輝檢律如老吏。御史聞而異之，命負以至，授錢穀集，一覽輒記。稍長，博極羣書。年十五舉鄉試第一。久之，成進士，改庶吉士。館課文字多沿襲熟爛，目爲翰林體，及李攀龍、王世貞之學行，則又改而從之。輝刻意學古，一以韓、歐爲師，館閣文稍變。時同館中，詩文推陶望齡，書畫推董其昌，輝詩及書與齊名。至徵事，輝十得八九，竑以閎雅名，亦自遜不如也。

由編修遷右中允，充皇長子講官。時帝寵鄭貴妃，疎皇后、長子，長子生母王恭妃幾殆。輝從內豎徵知其狀，謂同里給事中王德完曰：「此國家大事，旦夕不測，書之史册，謂朝廷無人，吾輩爲萬世僇矣。」德完奮然，屬輝具草上之，下獄，廷杖瀕死。輝周旋槖饘，不避險阻，人或危之。輝曰：「吾陷人於禍，可坐視乎？」輝雅好禪學，多方外交，爲言者所論。時已爲庶子掌司經局，遂請告歸。已，起故官，擢少詹事兼侍讀學士，卒官。

陳仁錫，字明卿，長洲人。父允堅，進士。歷知諸暨、崇德二縣。仁錫年十九，舉萬曆二十五年鄉試。聞武進錢一本善易，往師之，得其指要。久不第，益究心經史之學，多所論著。

天啓二年以殿試第三人授翰林編修。時第一爲文震孟，亦老成宿學。海內咸慶得人。明年丁內艱，廬墓次。服闋，起故官，尋直經筵，典誥敕。魏忠賢冒邊功，矯旨錫上公爵，給世券。仁錫當視草，持不可，其黨以威劫之，毅然曰：「世自有視草者，何必我！」忠賢聞之怒。不數日，里人孫文豸以誦步天歌見捕，坐妖言鍛鍊成獄，詞連仁錫及震孟，罪將不測。有密救者，得削籍歸。

崇禎改元，召復故官。旋進右中允，署國子司業事，再直經筵。以預修神、光二朝實錄，進右諭德，乞假歸。越三年，即家起南京國子祭酒，甫拜命，得疾卒。福王時，贈詹事，謚文莊。仁錫講求經濟，有志天下事，性好學，喜著書，一時館閣中博洽者鮮其儔云。

董其昌，字玄宰，松江華亭人。舉萬曆十七年進士，改庶吉士。禮部侍郎田一儁以教習卒官，其昌請假，走數千里，護其喪歸葬。還授編修。皇長子出閣，充講官，因事啓沃，皇長子每目屬之。坐失執政意，出爲湖廣副使，移疾歸。起故官，督湖廣學政，不徇請囑，爲勢家所怨，嗾生儒數百人鼓譟，毀其公署。其昌卽拜疏求去，帝不許，而令所司按治，其昌卒謝事歸。起山東副使、登萊兵備、河南參政，並不赴。

光宗立，問：「舊講官董先生安在？」乃召爲太常少卿，掌國子司業事。天啓二年擢本寺卿，兼侍讀學士。時修神宗實錄，命往南方採輯先朝章疏及遺事，其昌廣搜博徵，錄成三百本。又採留中之疏切於國本、藩封、人才、風俗、河渠、食貨、吏治、邊防者，別爲四十卷。倣史贊之例，每篇繫以筆斷。書成表進，有詔褒美，宣付史館。明年秋，擢禮部右侍郎，協理詹事府事，尋轉左侍郎。五年正月拜南京禮部尚書。時政在奄豎，黨禍酷烈。其昌深自引遠，踰年請告歸。崇禎四年起故官，掌詹事府事。居三年，屢疏乞休，詔加太子太保致仕。又二年卒，年八十有三。贈太子太傅。福王時，謚文敏。

其昌天才俊逸，少負重名。初，華亭自沈度、沈粲以後，南安知府張弼、詹事陸深、布政莫如忠及子是龍皆以善書稱。其昌後出，超越諸家，始以宋米芾爲宗。後自成一家，名聞外國。其畫集宋、元諸家之長，行以己意，瀟灑生動，非人力所及也。四方金石之刻，得其制作手書，以爲二絕。造請無虛日，尺素短札，流布人間，爭購寶之。精於品題，收藏家得片語隻字以爲重。性和易，通禪理，蕭閒吐納，終日無俗語。人儗之米芾、趙孟頫云。同時以善書名者，臨邑邢侗、順天米萬鍾、晉江張瑞圖，時人謂邢、張、米、董，又曰南董、北米。

然三人者，不逮其昌遠甚。

莫如忠，字子良。嘉靖十七年進士。累官浙江布政使。潔修自好。夏言死，經紀其喪。善草書，詩文有體要。是龍，字雲卿，後以字行，更字廷韓。十歲能文，長善書。皇甫汸、王世貞輩亟稱之。以貢生終。

邢侗，字子愿。萬曆二年進士。終陝西行太僕卿。家資鉅萬，築來禽館於古犂丘，減産奉客，遂致中落。妹慈靜，善倣兄書。

米萬鍾，字友石。萬曆二十三年進士。歷官江西按察使。天啓五年，魏忠賢黨倪文煥劾之，遂削籍。崇禎初，起太僕少卿，卒官。

張瑞圖者，官至大學士，逆案中人也。

袁宏道，字中郎，公安人。與兄宗道、弟中道並有才名，時稱「三袁」。宗道，字伯修。萬曆十四年會試第一。授庶吉士，進編修，卒官右庶子。泰昌時，追錄光宗講官，贈禮部右侍郎。

宏道年十六爲諸生，卽結社城南，爲之長。閒爲詩歌古文，有聲里中。舉萬曆二十年進士。歸家，下帷讀書，詩文主妙悟。選吳縣知縣，聽斷敏決，公庭鮮事。與士大夫談說詩文，以風雅自命。已而解官去。起授順天教授，歷國子助教、禮部主事，謝病歸。久之，起故官。尋以清望擢吏部驗封主事，改文選。尋移考功員外郎，立歲終考察羣吏法，言：「外官三歲一察，京官六歲，武官五歲，此曹安得獨免？」疏上，報可，遂爲定制。遷稽勳郎中，後謝病歸，數月卒。

中道，字小修。十餘歲，作黃山、雪二賦，五千餘言。長益豪邁，從兩兄宦游京師，多交四方名士，足跡半天下。萬曆三十一年始舉於鄉。又十四年乃成進士。由徽州教授，歷國子博士、南京禮部主事。天啓四年進南京吏部郎中，卒於官。

先是，王、李之學盛行，袁氏兄弟獨心非之。宗道在館中，與同館黃輝力排其說。於唐好白樂天，於宋好蘇軾，名其齋曰白蘇。至宏道，益矯以清新輕俊，學者多舍王、李而從之，目爲公安體。然戲謔嘲笑，間雜俚語，空疎者便之。其後，王、李風漸息，而鍾、譚之說大熾。鍾、譚者，鍾惺、譚元春也。

惺，字伯敬，竟陵人。萬曆三十八年進士。授行人，稍遷工部主事，尋改南京禮部，進郎中。擢福建提學僉事，以父憂歸，卒於家。惺貌寢，羸不勝衣，爲人嚴冷，不喜接俗客，由此得謝人事。官南都，僦秦淮水閣讀史，恒至丙夜，有所見即筆之，名曰史懷。晚逃於禪以卒。自宏道矯王、李詩之弊，倡以清眞，惺復矯其弊，變而爲幽深孤峭。與同里譚元春評選唐人之詩爲唐詩歸，又評選隋以前詩爲古詩歸。鍾、譚之名滿天下，謂之竟陵體。然兩人學不甚富，其識解多僻，大爲通人所譏。

元春，字友夏，名輩後於惺，以詩歸故，與齊名。至天啓七年始舉鄉試第一，惺已前卒矣。

王惟儉，字損仲，祥符人。萬曆二十三年進士。授濰縣知縣，遷兵部職方主事。三十年春，遼東總兵官馬林以忤稅使高淮被逮，兵部尚書田樂等救之。帝怒，責職方不推代者，空司而逐，惟儉亦削籍歸。家居二十年，光宗立，起光祿丞。三遷大理少卿。天啓三年八月擢右僉都御史，巡撫山東。值徐鴻儒之亂，民多逃亡，遼人避難來者，亦多失所，惟儉加意綏輯。五年三月擢南京兵部右侍郎，未赴。入爲工部右侍郎，魏忠賢黨御史田景新劾之，落職閒住。

惟儉資敏嗜學。初被廢，肆力經史百家。苦宋史繁蕪，手删定，自爲一書。好書畫古玩。萬曆、天啓間，世所稱博物君子，惟儉與董其昌並，而嘉興李日華亞之。

日華，字君實，嘉興人。萬曆二十年進士。官至太僕少卿。恬澹和易，與物無忤。惟儉則口多微詞，好抨擊道學，人不能堪。嘗與時輩讌集，徵漢書一事，具悉本末，指其腹笑曰：「名下寧有虚士乎！」其自喜如此。

曹學佺，字能始，侯官人。弱冠舉萬曆二十三年進士，授戶部主事。中察典，調南京添注大理左寺正。居冗散七年，肆力於學。累遷南京戶部郎中，四川右參政、按察使。蜀府燬於火，估修資七十萬金，學佺以宗藩條例卻之。又中察典，議調。天啓二年起廣西右參議。

初，梃擊獄興，劉廷元輩主瘋顛。學佺著野史紀略，直書事本末。至六年秋，學佺遷陝西副使，未行，而廷元附魏忠賢大幸，乃劾學佺私撰野史，淆亂國章，遂削籍，燬所鏤板。巡按御史王政新，以嘗薦學佺，亦勒閒住。廣西大吏揣學佺必得重禍，羈留以待。已，知忠賢無意殺之，乃得釋還。崇禎初，起廣西副使，力辭不就。

家居二十年，著書所居石倉園中，爲石倉十二代詩選，盛行於世。嘗謂「二氏有藏，吾儒何獨無」，欲修儒藏與鼎立。采擷四庫書，因類分輯，十有餘年，功未及竣，兩京繼覆。唐王立於閩中，起授太常卿。尋遷禮部右侍郎兼侍講學士，進尚書，加太子太保。及事敗，走入山中，投繯而死，年七十有四。詩文甚富，總名石倉集。萬曆中，閩中文風頗盛，自學佺倡之，晚年更以殉節著云。

其同邑後起者，曾異撰，字弗人，晉江人，家侯官。父爲諸生，早卒。母張氏，以遺腹生。家窶甚，紡績給晨夕。異撰起孤童，事母至孝。歲饑，採薯葉雜糠籺食之，母妻嘗負畚鋤乾草給爨。然性介甚，長吏知其貧，欲爲地，不屑也。吳興潘曾紘督學政，上其母節行，獲旌於朝。及曾紘巡撫南、贛，得王惟儉所撰宋史，招異撰及新建徐世溥更定，未成而罷。異撰久爲諸生，究心經世學，所爲詩，有奇氣。崇禎十二年舉鄉試，年四十有九矣，再赴會試還，遂卒。

王志堅，字弱生，崑山人。父臨亨，進士。杭州知府。志堅舉萬曆三十八年進士，授南京兵部主事，遷員外郎、郎中。暇日要同舍郎爲讀史社，撰讀史商語。遷貴州提學僉事，不赴，乞侍養歸。天啓二年起督浙江驛傳，奔母喪歸。崇禎四年復以僉事督湖廣學政，禮部推爲學政第一。六年卒於官。

志堅少與李流芳同學，爲詩文，法唐、宋名家。通籍後，卜居吳門古南園，杜門却掃，肆志讀書，先經後史，先史後子、集。其讀經，先箋疏而後辨論。讀史，先證據而後發明。讀子，則謂唐、宋而後無子，當取說家之有裨經史者補之。讀集，則定秦、漢以後古文爲五編，考覈唐、宋碑志，援史傳，捃雜說，以參覈其事之同異、文之純駁。其於內典，亦深辨性相之宗。作詩甚富，自選止七十餘首。

弟志長，字平仲，舉於鄉，亦深於經學。

艾南英，字千子，東鄉人。七歲作竹林七賢論。長爲諸生，好學無所不窺。萬曆末，場屋文腐爛，南英深疾之，與同郡章世純、羅萬藻、陳際泰以興起斯文爲任，乃刻四人所作行之世。世人翕然歸之，稱爲章、羅、陳、艾。天啓四年，南英始舉於鄉。座主檢討丁乾學、給事中郝士膏發策詆魏忠賢，南英對策亦有譏刺語。忠賢怒，削考官籍，南英亦停三科。莊烈帝即位，詔許會試。久之，卒不第，而文日有名。負氣陵物，人多憚其口。始王、李之學大行，天下談古文者悉宗之，後鍾、譚出而一變。至是錢謙益負重名於詞林，痛相糾駁。南英和之，排詆王、李不遺餘力。兩京繼覆，江西郡縣盡失，南英乃入閩。唐王召見，陳十可憂疏，授兵部主事，尋改御史。明年八月卒於延平。

章世純，字大力，臨川人。博聞强記。舉天啓元年鄉試。崇禎中，累官柳州知府，年已七十矣，聞京師變，悲憤，遘疾卒。

羅萬藻，字文止，世純同縣人。天啓七年舉於鄉。崇禎中行保舉法，祭酒倪元璐以萬藻應詔，辭不就。福王時爲上杭知縣。唐王立於閩，擢禮部主事。南英卒，哭而殯之，居數月亦卒。

陳際泰，字大士，亦臨川人，父流寓汀州武平，生於其地。家貧，不能從師，又無書，時取旁舍兒書，屏人竊誦。從外兄所獲書經，四角已漫滅，且無句讀，自以意識別之，遂通其義。十歲，於外家藥籠中見詩經，取而疾走。父見之，怒，督往田，則攜至田所，踞高阜而哦，遂畢身不忘。久之，返臨川，與南英輩以時文名天下。其爲文，敏甚，一日可二三十首。先後所作至萬首，經生舉業之富，無若際泰者。崇禎三年舉於鄉。又四年成進士，年六十有八矣。又三年除行人。居四年，護故相蔡國用喪南行，卒於道。

張溥，字天如，太倉人。伯父輔之，南京工部尚書。溥幼嗜學。所讀書必手鈔，鈔已朗誦一過，卽焚之，又鈔，如是者六七始已。右手握管處，指掌成繭。冬日手皸，日沃湯數次。後名讀書之齋曰「七錄」，以此也。與同里張采共學齊名，號「婁東二張」。

崇禎元年以選貢生入都，采方成進士，兩人名徹都下。已而采官臨川。溥歸，集郡中名士相與復古學，名其文社曰復社。四年成進士，改庶吉士。以葬親乞假歸，讀書若經生，無間寒暑。四方噉名者爭走其門，盡名爲復社。溥亦傾身結納，交游日廣，聲氣通朝右。所品題甲乙，頗能爲榮辱。諸奔走附麗者，輒自矜曰：「吾以嗣東林也。」執政大僚由此惡之。

里人陸文聲者，輸貲爲監生，求入社不許，采又嘗以事抶之。文聲詣闕言：「風俗之弊，皆原於士子。溥、采爲主盟，倡復社，亂天下。」溫體仁方枋國事，下所司。遷延久之，提學御史倪元珙、兵備參議馮元颺、太倉知州周仲連言復社無可罪。三人皆貶斥，嚴旨窮究不已。閩人周之夔者，嘗爲蘇州推官，坐事罷去，疑溥爲之，恨甚。聞文聲訐溥，遂伏闕言溥等把持計典，已罷職實其所爲，因及復社恣橫狀。章下，巡撫張國維等言之夔去官，無預溥事，亦被旨譙讓。

至十四年，溥已卒，而事猶未竟。刑部侍郎蔡奕琛坐黨薛國觀繫獄，未知溥卒也，訐溥遙握朝柄，己罪由溥，因言采結黨亂政。詔責溥、采回奏，采上言：「復社非臣事，然臣與溥生平相淬礪，死避網羅，負義圖全，誼不出此。念溥日夜解經論文，矢心報稱，曾未一日服官，懷忠入地。即今嚴綸之下，并不得泣血自明，良足哀悼。」當是時，體仁已前罷，繼者張至發、薛國觀皆不喜東林，故所司不敢復奏。及是，至發、國觀亦相繼罷，而周延儒當國，溥座主也，其獲再相，溥有力焉，故采疏上，事即得解。

明年，御史劉熙祚、給事中姜埰交章言溥砥行博聞，所纂述經史，有功聖學，宜取備乙夜觀。帝御經筵，問及二人，延儒對曰：「讀書好秀才。」帝曰：「溥已卒，采小臣，言官何爲薦之？」延儒曰：「二人好讀書，能文章。言官爲舉子時讀其文，又以其用未竟，故惜之耳。」帝曰：「亦未免偏。」延儒言：「誠如聖諭，溥與黃道周皆偏，因善讀書，以故惜之者衆。」帝頷之，遂有詔徵溥遺書，而道周亦復官。有司先後錄上三千餘卷，帝悉留覽。

溥詩文敏捷。四方徵索者，不起草，對客揮毫，俄頃立就，以故名高一時。卒時，年止四十。

采，字受先，與溥善。溥性寬，泛交博愛。采特嚴毅，喜甄別可否，人有過，嘗面叱之。知臨川，摧强扶弱，聲大起。移疾歸，士民泣送載道。知州劉士斗、錢肅樂嚴重之，以奸蠹詢采，片紙報，咸置之法。福王時，起禮部主事，進員外郎，乞假去。南都失守，奸人素銜采者，羣擊之死，復用大錐亂刺之。已而甦，避之鄰邑，又三年卒。

明史卷二百八十九

列傳第一百七十七

忠義一

從古忠臣義士，爲國捐生，節炳一時，名垂百世，歷代以來，備極表章，尚已。明太祖創業江左，首褒余闕、福壽，以作忠義之氣。至從龍將士，或功未就而身亡，若豫章、康郎山兩廟及雞籠山功臣廟所祀諸人，爵贈公侯，血食俎豆，侑享太廟，恤錄子孫，所以褒厲精忠，激揚義烈，意至遠也。建文之變，羣臣不憚膏鼎鑊，赤姻族，以抗成祖之威稜，雖表忠一錄出自傳疑，亦足以知人心天性之不泯矣。仁、宣以降，重熙累洽，垂二百餘載，中間如交阯之征，土木之變，宸濠之叛，以暨神、熹兩朝，邊陲多故，沉身殉難者，未易更僕數。而司勳褒卹之典，悉從優厚。或所司失奏，後人得自陳請。故節烈之績，咸得顯暴於時。迨莊烈之朝，運丁陽九，時則內外諸臣，或隕首封疆，或致命闕下，蹈死如歸者尤衆。

今就有明一代死義死事之臣，博采旁蒐，彙次如左。同死者，各因事附見。其事實繁多及國家興亡所繫，或連屬他傳，本末始著，與夫直諫死忠，疏草傳誦人口，概具前帙。至若抒忠勝國，抗命興朝，稽諸前史，例得並書。我太祖、太宗忠厚開基，扶植名教，獎張銓之守義，釋張春而加禮，洪量同天地，大義懸日月，國史所載，煥若丹青。諸臣之遂志成仁，斯為無忝，故備列焉。

花雲 朱文遜 許瑗等　王愷　孫炎 王道同 朱文剛　牟魯 裴源

朱顯忠 王均諒等　王綱 子彥達　王禕 吳雲　熊鼎　易紹宗

琴彭 陳汝石等　皇甫斌 子弼 吳貴等　張瑛 熊尚初等　王禎

萬琛 王祐　周憲 子榦　楊忠 李睿等　吳景 王源 馮傑 孫璽等

霍恩 段豸 張汝舟等　孫燧　許逵　黃宏 馬思聰

宋以方 萬木 鄭山 趙楠等

花雲，懷遠人。貌偉而黑，驍勇絕倫。至正十三年癸巳杖劍謁太祖於臨濠。奇其才，俾將兵略地，所至輒克。破懷遠，擒其帥。攻全椒，拔之。襲繆家寨，羣寇散走。太祖將取滁州，率數騎前行，雲從。猝遇賊數千，雲舉鈹翼太祖，拔劍躍馬衝陣而進。賊驚曰：「此黑將軍勇甚，不可當其鋒。」兵至，遂克滁州。甲午從取和州，獲卒三百，以功授管勾。乙未，太祖渡江，雲先濟。旣克太平，以忠勇宿衞左右。從下集慶，獲卒三千，擢總管。徇鎭江、丹陽、丹徒、金壇，皆克之。過馬馱沙，劇盜數百遮道索戰。雲且行且鬬三日夜，皆擒殺之，授前部先鋒。從拔常州，守牛塘營。太祖立行樞密院於太平，擢雲院判。丁酉克常熟，獲卒萬餘。命趨寧國，兵陷山澤中八日，羣盜相結梗道。雲操矛鼓譟出入，斬首千百計，身不中一矢。

還駐太平。庚子閏五月，陳友諒以舟師來寇。雲與元帥朱文遜、知府許瑗、院判王鼎結陣迎戰，文遜戰死。賊攻三日不得入，以巨舟乘漲，緣舟尾攀堞而上。城陷，賊縛雲。雲奮身大呼，縛盡裂，起奪守者刀，殺五六人，罵曰：「賊非吾主敵，盍趣降！」賊怒，碎其首，縛諸檣叢射之，罵賊不少變，至死聲猶壯，年三十有九。瑗、鼎亦抗罵死。太祖卽吳王位，追封雲東丘郡侯，瑗高陽郡侯，鼎太原郡侯，立忠臣祠，並祀之。

方戰急，雲妻郜祭家廟，挈三歲兒，泣語家人曰：「城破，吾夫必死，吾義不獨存，然不可使花氏無後，若等善撫之。」雲被執，郜赴水死。侍兒孫瘞畢，抱兒行，被掠至九江。孫夜投漁家，脫簪珥屬養之。及漢兵敗，孫復竊兒走渡江，遇僨軍奪舟棄江中，浮斷木入葦洲，採蓮實哺兒，七日不死。夜半，有老父雷老挈之行，踰年達太祖所。孫抱兒拜泣，太祖亦泣，置兒膝上，曰：「將種也。」賜雷老衣，忽不見。賜兒名煒，累官水軍衞指揮僉事。其五世孫爲遼復州衞指揮，請於世宗，贈郜貞烈夫人，孫安人，立祠致祭。

文遜者，太祖養子也。嘗與元帥秦友諒攻克無爲州。瑗，字栗夫，樂平人。元末，兩舉鄉第一。太祖駐婺州，瑗謁曰：「足下欲定天下，非延攬英雄，難以成功。」太祖喜，置幕中，參軍事。已，命守太平。鼎，儀徵人。初爲趙忠養子。忠爲總管，克太平，授行樞密院判，鎮池州。趙普勝來寇，忠陣歿。鼎嗣職，復故姓，駐太平。至是，三人皆死之。

時有劉齊者，以江西行省參政守吉安。守將李明道開門納友諒兵，殺參政曾萬中、陳海，執齊及知府宋叔華，脅之降，皆不屈。又破臨安，執同知趙天麟，亦不屈，並送友諒所。友諒方攻洪都，殺三人徇城下。及陷無爲州，執知州董曾，曾抗罵不屈，沉之江。

王愷，字用和，當塗人。通經史，爲元府吏。太祖拔太平，召爲掾。從下京口，撫定新附民。及建中書省，用爲都事。杭州苗軍數萬降，待命嚴州境。愷馳諭之，偕其帥至。太祖克衢州，命總制軍民事。愷增城浚濠，置游擊軍，籍丁壯，得萬餘人。常遇春屯兵金華，部將擾民，愷械而撻諸市。遇春讓愷，愷曰：「民者國之本，撻一部將而民安，將軍所樂聞也。」乃謝愷。時饑疫相仍，愷出倉粟，修惠濟局，全活無算。學校毁，與孔子家廟之在衢者，並新之。設博士弟子員，士翕然悅服。開化馬宣、江山楊明並爲亂，先後討擒之。

遷左司郎中，佐胡大海治省事。苗軍作亂，害大海。其帥多德愷，欲擁之而西。愷正色曰：「吾守土，義當死，寧從賊邪！」遂並其子行殺之。年四十六。

愷善謀斷，嘗白事，未聽，却立戶外，抵暮不去。太祖出，怪問之，愷諫如初，卒從其議。後贈奉直大夫、飛騎尉，追封當塗縣男。

孫炎，字伯融，句容人。面鐵色，跛一足。談辨風生，雅負經濟。與丁復、夏煜遊，有詩名。太祖下集慶，召見，請招賢豪成大業。時方建行中書省，用爲首掾。從征浙東，授池州同知，進華陽知府，擢行省都事。克處州，授總制。太祖命招劉基、章溢、葉琛等，基不出。炎使再往，基遺以寶劍。炎作詩，以爲劍當獻天子，斬不順命者，人臣不敢私，封還之。遺基書數千言，基始就見，送之建康。

時城外皆賊，城守無一兵。苗軍作亂，殺院判耿再成，執炎及知府王道同、元帥朱文剛，幽空室，脅降，不屈。賊帥賀仁德餽雁斗酒噉炎，炎且飲且罵。賊怒，拔刀叱解衣，炎曰：「此紫綺裘，主上所賜，吾當服以死。」遂與道同、文剛皆見害，時年四十。追贈丹陽縣男，建像再成祠。

道同，由中書省宣使知處州，贈太原郡侯。

文剛，太祖養子，小字柴舍。變起，欲與再成聚兵殺賊，不及，遂被難。贈鎭國將軍，附祭功臣廟。

牟魯，烏程人，爲莒州同知。洪武三年秋，青州民孫古朴爲亂，襲州城，執魯欲降之。魯曰：「國家混一海宇，民皆樂業。若等悔過自新，可轉禍爲福。不然，官軍旦夕至，無遺種矣。我守土臣，義唯一死。」賊不敢害，擁至城南。魯大罵，遂殺之。賊破，詔恤其家。

又有白謙、裴源、朱顯忠、王均諒、〔一〕王名善、黄里、顧師勝、陳敬、吳得、井孛之屬。謙，婺源知州。信州盜蕭明來寇，謙力不能禦，懷印出北門，赴水死。

源，肇慶府經歷。以公事赴新興，遇山賊陳勇卿，被執，勒令跪。源大罵曰：「我命官，乃跪賊邪！」遂被殺。洪武三年贈官二等。

顯忠，如皋人。爲張士誠將，來降。以指揮僉事從鄧愈下河州，抵吐番。從傅友德克文州，遂留守之。洪武四年，蜀將丁世珍召番數萬來攻。〔二〕食盡無援，或勸走避，顯忠叱不聽。攻益急，裹創力戰，城破，爲亂兵所殺。均諒時爲千戶，被執不屈，磔死。事聞，贈恤有差。

名善，義烏人，高州通判。有海寇何均善嘗被戮，洪武四年，〔三〕其黨羅子仁率衆潛入城，執名善，不屈死。

里，雲內州同知。洪武五年秋，蒙古兵突入城。里率兵巷戰，死之。

師勝，興化人，峩眉知縣。洪武十三年率民兵討賊彭普貴，戰死。詔褒恤。

敬，增城人。洪武十四年舉賢良，爲曲靖府經歷，署劍川州事。鄰寇來攻，敬禦之。官兵寡，欲退，敬瞋目大呼，力戰死。命恤其家。

得，全椒人，龍里守禦所千戶。洪武三十年，古州上婆洞蠻作亂，得與鎭守將井孚守城。賊燒門急攻，二人開門奮擊，得中毒弩死，孚戰死。贈得指揮僉事，孚正千戶，子孫世襲。

王綱，字性常，餘姚人。有文武才。善劉基，常語曰：「老夫樂山林，異時得志，勿以世緣累我。」洪武四年以基薦徵至京師，年七十，齒髮神色如少壯。太祖異之，策以治道，擢兵部郎。

潮民弗靖，除廣東參議，督兵餉，嘆曰：「吾命盡此矣。」以書訣家人，攜子彥達行，單舸往諭，潮民叩首服罪。還抵增城，遇海寇曹眞，截舟羅拜，願得爲帥。綱諭以禍福，不從，則奮罵。賊舁之去，爲壇坐綱，日拜請。綱罵不絕聲，遂遇害。彥達年十六，罵賊求死，欲並殺之。其酋曰：「父忠子孝，殺之不祥。」與之食，不顧，令綴羊革裹父屍而出。御史郭純以聞，詔立廟死所。彥達以廕得官，痛父，終身不仕。

王禕，字子充，義烏人。幼敏慧，及長，身長嶽立，屹有偉度。師柳貫、黃溍，遂以文章名世。覩元政衰敝，爲書七八千言上時宰。危素、張起巖並薦，不報。隱靑岩山，著書，名日盛。

太祖取婺州，召見，用爲中書省掾史。征江西，禕獻頌。太祖喜曰：「江南有二儒，卿與宋濂耳。學問之博，卿不如濂。才思之雄，濂不如卿。」太祖創禮賢館，李文忠薦禕及許元、王天錫，召置館中。旋授江南儒學提舉司校理，累遷侍禮郎，掌起居注。同知南康府事，多惠政，賜金帶寵之。太祖將卽位，召還，議禮。坐事忤旨，出爲漳州府通判。

洪武元年八月上疏言：「祈天永命之要，在忠厚以存心，寬大以爲政，法天道，順人心。雷霆霜雪，可暫不可常。浙西旣平，科斂當減。」太祖嘉納之，然不能盡從也。

明年修元史，命禕與濂爲總裁。禕史事擅長，裁煩剔穢，力任筆削。書成，擢翰林待制，同知制誥兼國史院編修官。奉詔預教大本堂，經明理達，善開導。召對殿廷，必賜坐，從容宴語。未久，奉使吐蕃，未至，召還。

五年正月議招諭雲南，命禕齎詔往。至則諭梁王，亟宜奉版圖歸職方，不然天討旦夕至。王不聽，館別室。他日，又諭曰：「朝廷以雲南百萬生靈，不欲殲於鋒刃。若恃險遠，抗明命，龍驤鷁艫，會戰昆明，悔無及矣。」梁王駭服，卽爲改館。會元遣脫脫徵餉，脅王以危言，必欲殺禕。王不得已出禕見之，脫脫欲屈禕，禕叱曰：「天旣訖汝元命，我朝實代之。汝爝火餘燼，敢與日月爭明邪！且我與汝皆使也，豈爲汝屈！」或勸脫脫曰：「王公素負重名，不可害。」脫脫攘臂曰：「今雖孔聖，義不得存。」禕顧王曰：「汝殺我，天兵繼至，汝禍不旋踵矣。」遂遇害，時十二月二十四日也。梁王遣使致祭，具衣冠斂之。建文中，禕子紳訟禕事，詔贈翰林學士，諡文節。正統中，改諡忠文。成化中，命建祠祀之。

紳，字仲縉。褘死時，年十三，鞠於兄綬，事母兄盡孝友。長博學，受業宋濂。濂器之曰：「吾友不亡矣。」蜀獻王聘紳，待以客禮。紳啓王往雲南求父遺骸，不獲，卽死所致祭，述滇南慟哭記以歸。建文帝時，用薦召爲國子博士，預修太祖實錄，獻大明鐃歌鼓吹曲十二章。與方孝孺友善，卒官。

子稌，字叔豐。師方孝孺。孝孺被難，與其友鄭珣輩潛收遺骸，禍幾不測，自是絕意仕進。初，紳痛父亡，食不兼味。稌守之不變，居喪，不飲酒，不食肉者三年，門人私謚曰孝莊先生。

子汶，字允達。成化十四年進士。授中書舍人。謝病歸，讀書齊山下。弘治初，言者交薦，與檢討陳獻章同召，未抵京卒。

褘死雲南之三年，死事者又有吳雲。雲，宜興人。元翰林待制，仕太祖，爲湖廣行省參政。洪武八年九月，太祖議再遣使招諭梁王，召雲至，語之曰：「今天下一家，獨雲南未奉正朔，殺我使臣，卿能爲我作陸賈乎？」雲頓首請行。時梁王遣鐵知院輩二十餘人使漠北，爲大將軍所獲，送京師，太祖釋之，令與雲偕行。既入境，鐵知院等謀曰：「吾輩奉使被執，罪且死。」乃誘雲，令詐爲元使，改制書，共紿梁王。雲誓死不從，鐵知院等遂殺雲。梁王聞其事，收雲骨，送蜀給孤寺殯之。

雲子巘，上雲事於朝。詔馳傳返葬，以巘爲國子生。弘治四年五月贈雲刑部尙書，諡忠節，與禕並祠，改祠額曰二忠。

熊鼎，字伯穎，臨川人。元末舉於鄉，長龍溪書院。江西寇亂，鼎結鄉兵自守。陳友諒屢脅之，不應。鄧愈鎭江西，數延見，奇其才，薦之。太祖欲官之，以親老辭，乃留愈幕府贊軍事。母喪除，召至京師，授德淸縣丞。松江民錢鶴皐反，鄰郡大驚，鼎鎭之以靜。吳元年召議禮儀，除中書考功博士。遷起居注，承詔搜括故事可懲戒者，書新宮壁間。舍人耿忠使廣信還，奏郡縣官違法狀，帝遣御史廉之。而時已頒赦書，丞相李善長再諫不納，鼎偕給事中尹正進曰：「朝廷布大信於四方，復以細故煩御史，失信，且褻威。」帝默然久之，乃不遣御史。

洪武改元，新設浙江按察司，以鼎爲僉事，分部台、溫。台、溫自方氏竊據，僞官悍將二百人，暴橫甚。鼎盡遷之江、淮間，民始安。平陽知州梅鎰坐贓，辨不已，民數百咸訴知州無罪。鼎將聽之，吏白鼎：「釋知州，如故出何？」鼎嘆曰：「法以誅罪，吾敢畏譴，誅無罪人乎！」釋鎰，以情聞，報如其奏。寧海民陳德仲支解黎異，異妻屢訴不得直。鼎一日覽牒，有青蛙立案上，鼎曰：「蛙非黎異乎？果異，止勿動。」蛙果勿動，乃逮德仲，鞫實，立正其罪。

是秋，山東初定，設按察司，復以鼎爲僉事。鼎至，奏罷不職有司數十輩，列部肅清。鼎欲稽官吏利弊，乃令郡縣各置二曆，日書所治訟獄錢粟事，一留郡縣，一上憲府，遞更易，按曆鉤考之，莫敢隱者。尋進副使，徙晉王府右傅。坐累左遷，復授王府參軍，召爲刑部主事。

八年，西部朶兒只班率部落內附，改鼎岐寧衞經歷。既至，知寇僞降，密疏論之。帝遣使慰勞，賜裘帽，復遣中使趙成召鼎。鼎旣行，寇果叛，脅鼎北還。鼎責以大義，罵之，遂與成及知事杜寅俱被殺。帝聞，悼惜，命葬之黃羊川，立祠，以所食俸給其家。

易紹宗，攸人。洪武時，從軍有功，授象山縣錢倉所千戶。建文三年，倭登岸剽掠。紹宗大書於壁曰：「設將禦敵，設軍衞民。縱敵不忠，棄民不仁。不忠不仁，何以爲臣！爲臣不職，何以爲人！」書畢，命妻李具牲酒生奠之，訣而出，密令遊兵間道焚賊舟。賊驚救，紹宗格戰，追至海岸，陷淖中，手刃數十賊，遂被害。其妻攜孤奏於朝，賜葬祭，勒碑旌之。

琴彭，交阯人。永樂中，以乂安知府署茶籠州事，有善政。宣德元年，黎利反，率衆圍其城。彭拒守七月，糧盡卒疲，諸將無援者，巡按御史飛章請救。宣宗馳敕責榮昌伯陳智等曰：「茶籠守彭被困孤城，矢死無貳，若等不援，將何以逃責！急發兵解圍，無干國憲。」敕未至而城陷，彭死之。詔贈交阯左布政使，送一子京師官之。

時交阯人陳汝石、朱多蒲、陶季容、陳汀亦皆以忠節著。汝石初爲陳氏小校，大軍南征，率先歸附，積功至都指揮僉事。永樂十七年，四忙土官車綿子等叛。汝石從方政討之，深入賊陣，中流矢墜馬，與千戶朱多蒲皆死。多蒲，亦交阯人。事聞，遣行人賜祭，賻其家，官爲置塚。

皇甫斌，壽州人。先爲興州右屯衞指揮同知，以才調遼海衞。忠勇有智略，遇警，輒身先士卒。宣德五年十月勒兵禦寇，至密城東峪，自旦及晡力戰，矢盡援絕，子弼以身衞父，俱戰死。千戶吳貴，百戶吳襄、毛觀並驍勇，出必衝鋒，至是皆死。斌等雖死，殺傷過當，寇亦引退。事聞，詔有司褒恤。

張瑛，字彥華，浙江建德人。永樂中，舉於鄉，歷刑部員外郎。正統時，擢建寧知府。鄧茂七作亂，賊二千餘迫城結砦，四出剽掠。瑛率建安典史鄭烈會都指揮徐信軍，分三路襲之，斬首五百餘，遂拔其砦。進右參議，仍知府事，烈亦遷主簿。茂七旣誅，其黨林拾得等轉掠城下，瑛與從父敬禦之。賊敗，乘勝逐北，陷伏中，敬死，瑛被執，大罵不屈死。詔贈福建按察使，賜祭，官其子。弘治中，建寧知府劉璵請於朝，立祠致祭。

時泉州守熊尚初亦以拒賊被執死。尚初，南昌人。初爲吏，以才擢都察院都事，進經歷。正統中，用都御史陳鎰薦，擢泉州知府。盜起，上官檄尚初監軍，不旬日降賊數百。已而賊逼城下，守將不敢禦。尚初憤，提民兵數百，與晉江主簿史孟常、陰陽訓術楊仕弘分統之，拒於古陵坡。兵敗，皆遇害。郡人哀之，爲配享忠臣廟。

王禎，字維禎，吉水人。祖省，死建文難，自有傳。成化初，禎由國子生授夔州通判。二年，荆、襄石和尚流劫至巫山，督盜同知王某者怯不救。禎面數之，即代勒所部民兵，晝夜行。至則城已陷，賊方聚山中。禎擊殺其魁，餘盡遁，乃行縣撫傷殘，招潰散，久乃得還。甫三日，賊復劫大昌。禎趣同知行，不應。指揮曹能、柴成與同知比，激禎曰：「公爲國出力，肯復行乎？」禎即請往，兩人僞許相左右。禎上馬，挾二人與俱，夾水陣。既渡，兩人見賊卽走。禎被圍半日，誤入淖中，賊執欲降之，禎大罵。賊怒，斷其喉及右臂而死。從行者奉節典史及部卒六百餘人皆死。

自死所至府三百餘里，所乘馬奔歸，血淋漓，毛盡赤。衆始知禎敗，往覓屍，面如生。子廣鬻馬爲歸貲，王同知得馬不償直。櫬旣行，馬夜半哀鳴。同知起視之，馬驟前齧項，擣其胸，翼日嘔血死，人稱爲義馬。事聞，贈禎僉事，錄一子。

萬琛，字廷獻，宣城人。慷慨負氣節，舉於鄉。弘治中，知瑞金縣。十八年正月，劇盜大至，縣人洶洶逃竄。有勸琛急去者，琛斥之，率民兵數十人迎敵，殺賊二十餘人。相持至明日，力屈被執，罵不絕口，賊攢刺之，乃死。贈光祿少卿，賜祭葬，予廕。

時有王祐者，爲廣昌知縣，賊至，民盡逃，援兵又不至。祐拔刀自刲其腹曰：「有城不能守，何生爲！」左右奔奪其刀。後援兵集，賊稍退。越七日復突至，祐倉皇赴敵，死之。

周憲，安陸人。弘治六年進士。除刑部主事，進員外郎。十七年坐事下詔獄，謫兗州通判。正德初，復故官，歷江西副使。華林、馬腦賊方熾，總督陳金檄憲剿之，平馬腦砦及仙女、雞公嶺諸寨，先後斬獲千餘人。華林賊窘，遣諜者詭言饑困狀。憲信之，移檄會師夾擊。他將多觀望，憲攻北門，三戰，賊稍却，與子幹先登逼之。賊下木石如雨，軍潰，憲中槍，幹前救，力戰墮崖死。憲創重被執，罵不絕口，賊支解之。事始聞，贈按察使，予祭葬，謚節愍，廕一子，旌幹門曰孝烈。嘉靖二年，江西巡撫盛應期請與黃宏、馬思聰並旌，詔附祀忠烈祠。後從給事中李鐸言，命有司歲給其家米二石，帛二匹。

楊忠，寧夏人。世官中衞指揮，以功進都指揮僉事，廉介有謀勇。正德五年，安化王寘鐇反，其黨丁廣將殺巡撫安惟學，忠在側，罵曰：「賊狗敢犯上邪！」廣怒，殺之，迄死罵益厲。忠同官李睿聞變，馳至寘鐇所。門閉不得入，大罵，爲賊所殺。百戶張欽不從逆，走至雷福堡，亦被殺。皆贈官予廕，表忠、睿曰忠烈之門，欽曰忠節之門。

吳景，南陵人。弘治九年進士。正德中，歷官四川僉事，守江津。重慶人曹弼亡命播州，糾衆寇川南，謀與大盜藍廷瑞合。六年正月逼江津。御史俞緇遁去，屬景及都指揮龐鳳禦之。鳳邀景俱走，景不可，率典史張俊迎擊，手殺三賊，矢被面。急收兵入保，城已陷，大呼曰：「寧殺我，毋殺士民！」賊强之跪，不屈，遂被殺，俊亦死。巡撫林俊上其事，詔贈景副使，賜祭葬，立祠江津，予世廕。

是月，僉事王源行部川北，會藍廷瑞、鄢本恕等掠通、巴至營山，源率典史鄧俊禦之，皆被殺。贈源副使，廕其子。源，五臺人，弘治十二年進士。

明年正月，賊廝六兒將逼川東。副使馮傑追擊於蒼溪，俘斬頗衆。日晡，移營鐵山關，賊乘夜衝突，傑死之。贈按察使，賜祭葬，諡恪愍，世廕百戶。

是時，略陽知縣孫璽、劍州判官羅明、梁山主簿時植亦皆死於賊。

璽，字廷信，代州人。舉於鄉，知扶風縣。都御史藍章以略陽漢中要地，舊無城，檄璽往城之。工未畢，賊至，縣令嚴順欲去，璽拔刀斫坐几曰：「欲去者視此！」乃率僚屬堅守，數日城陷，璽被執，大罵不屈，賊臠殺之。順逃去，誣璽俱逃，溺於江，以他人屍斂。璽子啓視，非是，訟於朝。勘得死節狀，贈光祿少卿，賜祭予廕，抵順罪。

明以吏起家。鄢本恕逼其城，與子介拒守。城陷，父子皆罵賊死。

植，字良材，通許人。由國子生授官，時攝縣事。賊方四等略地，植拒却之，斬獲數十級。踰月復至，相拒數日，城陷，說之降，不屈。脅取其印，不予，大罵被殺。妻賈聞變即自縊，女九歲，赴火死。明、植皆贈恤如制，而表植妻女爲貞烈。

其時，士民冒死殺賊者，有趙趣、徐敬之、雷應通、袁璋之屬。

趣，梁山諸生。賊攻城，同友人黃甲、李鳳、何璟、蕭銳、徐宣、楊茂寬、趙采誓死拒守。城陷，皆死。都御史林俊嘉其義，立祠祀之。

敬之，亦梁山人。衆推爲部長，以拒賊陷陣死。

應通，嘉州人。賊衝百丈關，父子七人倡義死戰。被執，俱慷慨就殺。

璋，江南人。素以勇俠聞。巡撫林俊委剿賊，所在有功。後爲所執，其子襲挺身救之，連殺七賊，亦被執，俱死。襲死三日，兩目猶瞠視其父。林俊表其門曰父子忠節。總制彭澤爲勒石城隍廟，祀於忠孝祠。

霍恩，字天錫，易州人。弘治十五年進士。正德中，歷知上蔡縣。六年，賊四起，中原郡邑多殘破。畿內則棗强知縣段豸、大城知縣張汝舟，河南則恩及典史梁逵，西平知縣王佐、主簿李銓，葉縣知縣唐天恩，永城知縣王鼎，裕州同知郁采、都指揮詹濟、鄉官任賢，固始丞曾基，夏邑丞安宣，息縣主簿邢祥，睢寧主簿金聲、丘紳，西華教諭孔環，山東則萊蕪知縣熊騶，萊州衞指揮僉事蔡顯，南畿則靈璧主簿蔣賢，皆抗節死，而恩、佐、采、環死尤烈。

恩與梁逵共守，當賊至時，語妻劉曰：「脫有急，汝若何？」劉願同死，乃築臺廨後，約曰：「見我下城，卽賊入矣。」及城陷，恩拔刀下城，劉臺上見之，卽縊，未絕，以簪刺心死。恩被執，賊脅之跪。罵曰：「吾此膝肯爲賊屈乎！」賊日殺人以懾之，罵益厲。賊以刀抉其口，支解之。逵自經死。

豸，字世高，澤州人。起家進士。正德中，授兵科都給事中，謫棗强令。賊至，連戰却之。及城陷，中四矢一鎗，瞋目大呼，殺賊而死，賊屠其城。汝舟官大城時，與主簿李銓迎戰，皆被殺。

佐，字汝弼。潞州舉人，授西平令。手殺賊數十人，矢斃其渠帥。賊忿，急攻三日，佐力屈被執，罵不絕口。賊懸諸竿，殺而支解之。天恩知葉縣，賊至，與父政等七人俱死。鼎知永城，城陷，繫印於肘，端坐待賊，不屈死。

釆，字亮之，浙江山陰人，進士。由主事謫教諭，遷裕州同知。與濟、賢共堅守，斬獲多，城陷被執。釆罵不輟，賊碎其輔頰而死。濟亦不屈死。賢嘗爲御史，方里居，招邑子三千人拒守，罵賊死，一家死者十三人。基爲固始丞，被執，使馭馬不從，被害。宣，初授夏邑丞。賊楊虎逼其境，或勸毋往，宣兼程進。抵任七日，賊大至，拒守有功。城陷，死之。祥已致仕，城陷，罵賊死。聲、紳與義士朱用之迎戰死。

環，南宮人。由歲貢生授來安知縣，爲劉瑾黨所陷，左遷西華教諭。被執，賊曰：「呼我王，卽釋汝。」厲聲曰：「我恨不得碎汝萬段，肯媚汝求活耶！」遂被殺。驂爲賊所執，與主簿韓塘俱不屈死。顯與三子淇、英、順俱禦盜力戰死。

諸人死節事聞，皆贈官賜祭予廕立祠如制。恩妻劉贈宜人，建忠節坊旌之。天恩、鼎、基、宣、祥諸人，里貫無考。

時有鄭寶，爲鬱林州同知，署北流縣事。妖賊李通寶犯北流，寶與子宗珪出戰，皆死。王振者，爲福建黃崎鎭巡檢。海寇大至，率三子臣、朝、實迎戰竟日。伏兵起，振被殺，屍僵立。三子救之，臣重傷，朝、實皆死。亦予恤有差。

孫燧，字德成，餘姚人。弘治六年進士。歷刑部主事，再遷郎中。正德中，歷河南右布政使。寧王宸濠有逆謀，結中官幸臣，日夜詗中朝事，幸有變。又劫持羣吏，厚餌之，使爲己用。惡巡撫王哲不附己，毒之，得疾，踰年死。董傑代哲，僅八月亦死。自是，官其地者惴惴，以得去爲幸。代傑者任漢、俞諫，皆歲餘罷歸。燧以才節著治聲，廷臣推之代。

十年十月擢右副都御史，巡撫江西。燧聞命歎曰：「是當死生以之矣。」遣妻子還鄉，獨攜二僮以行。時宸濠逆狀已大露，南昌人洶洶，謂宸濠旦暮得天子。燧左右悉宸濠耳目，燧防察密，左右不得窺，獨時時爲宸濠陳說大義，卒不悛。陰察副使許逵忠勇，可屬大事，與之謀。先是，副使胡世寧暴宸濠逆謀，中官幸臣爲之地，世寧得罪去。燧念訟言於朝無益，乃托禦他寇預爲備。先城進賢，次城南康、瑞州。患建昌縣多盜，割其地，別置安義縣，以漸弭之。而請復饒、撫二州兵備，不得復，則請敕湖東分巡兼理之。九江當湖衝，最要害，請重兵備道權，兼攝南康、寧州、武寧、瑞昌及湖廣興國、通城，以便控制。廣信橫峰、青山諸窯，地險人悍，則請設通判駐弋陽，兼督旁五縣兵。又恐宸濠刦兵器，假討賊，盡出之他所。宸濠瞷燧圖己，使人賂朝中幸臣去燧，而遺燧棗梨薑芥以示意，燧笑却之。逵勸燧先發後聞，燧曰：「奈何予賊以名，且需之。」

十三年，江西大水，宸濠素所蓄賊淩十一、吳十三、閔念四等出沒鄱陽湖，燧與逵謀捕之。三賊遁沙井，燧自江外掩捕，夜大風雨，不克濟。三賊走匿宸濠祖墓間，於是密疏白其狀，且言宸濠必反。章七上，輒爲宸濠遮獲，不得達。宸濠恚甚，因宴毒燧，不死。燧乞致仕，又不許，憂懼甚。

明年，宸濠脅鎮巡官奏其孝行，燧與巡按御史林潮冀藉是少緩其謀，乃共奏於朝。朝議方降旨責燧等，會御史蕭淮盡發宸濠不軌狀，詔重臣宣諭，宸濠聞，遂決計反。

六月乙亥，宸濠生日，宴鎮巡三司。明日，燧及諸大吏入謝，宸濠伏兵左右，大言曰：「孝宗爲李廣所悞，抱民間子，我祖宗不血食者十四年。今太后有詔，令我起兵討賊，亦知之乎？」衆相顧愕眙，燧直前曰：「安得此言！請出詔示我。」宸濠曰：「毋多言，我往南京，汝當扈駕。」燧大怒曰：「汝速死耳。天無二日，吾豈從汝爲逆哉！」宸濠怒叱燧，燧益怒，急起，不得出。宸濠入內殿，易戎服出，麾兵縛燧。逵奮曰：「汝曹安得辱天子大臣！」因以身翼蔽燧，賊幷縛逵。二人且縛且罵，不絕口，賊擊燧，折左臂，與逵同曳出。逵謂燧曰：「我勸公先發者，知有今日故也。」燧、逵同遇害惠民門外。巡按御史王金、布政使梁宸以下，咸稽首呼萬歲。

宸濠遂發兵，僞署三賊爲將軍，首遣婁伯徇進賢，爲知縣劉源清所斬。招窯賊，賊畏守吏不敢發。大索兵器於城中，不得，賊多持白梃。伍文定起義兵，設兩人木主於文天祥祠，率吏民哭之。南贛巡撫王守仁與共平賊。諸逋賊走安義，皆見獲，無脫者。人於是益思燧功。

燧生有異質，兩目爍爍，夜有光。死之日，天忽陰慘，烈風驟起凡數日，城中民大恐。走收兩人屍，屍未變，黑雲蔽之，蠅蚋無近者。明年，守臣上其事於朝，未報。世宗卽位，贈禮部尙書，謚忠烈，與逵並祀南昌，賜祠名旌忠，各廕一子。燧子堪聞父訃，率兩弟塏、陞赴之，會宸濠已擒，扶柩歸。兄弟廬墓蔬食三年，有芝一莖九葩者數本產墓上。服除，以父死難，更墨衰三年，世稱三孝子。

堪，字志健。爲諸生，能文，善騎射。旣廕錦衣，中武會試第一，擢署指揮同知。善用强弩，教弩卒數千人以備邊。歷都督僉事。事母楊至孝，母年九十餘，歿京師。堪年亦七十，護喪歸，在道，以毀卒。巡按御史趙炳然上堪孝行，得旌。堪子鉦，亦舉武會試，官都督同知。鉦子如津，都督僉事。

墀，字仲泉，以選貢生歷官尙寶卿。陛，官尙書。墀孫如游，大學士。如游孫嘉績，僉事。陛子，鑨、鑛皆尙書，鋌侍郎，錝太僕卿。鑨子，如法主事，如洵參政。並以文章行誼世其家。陛、鑨、鑛、如游、如法、嘉績，事皆別見。

許逵，字汝登，固始人。正德三年進士。長身巨口，猿臂燕頷，沈靜有謀略。授樂陵知縣。六年春，流賊劉七等屠城邑，殺長吏。諸州縣率閉城守，或棄城遁，或遺之芻粟弓馬，乞賊毋攻。逵之官，慨然爲戰守計。縣初無城，督民版築，不踰月，城成。令民屋外築牆，牆高過簷，啓圭竇，才容人。家選一壯者執刃伺竇內，餘皆入隊伍，日視旗爲號，違者軍法從事。又募死士伏巷中，洞開城門。賊果至，旗舉伏發，竇中人皆出，賊大驚竄，斬獲無遺。後數犯，數却之，遂相戒不敢近。事聞，進秩二等。

時知縣能抗賊者，益都則牛鸞，郯城則唐龍，汶上則左經，濬則陳滯，然所當賊少。而逵屢禦大賊有功，遂與鸞俱超擢兵備僉事。逵駐武定州，州城圮濠平，不能限牛馬。逵築城鑿池，設樓櫓，置巡卒。明年五月，賊楊寡婦以千騎犯濰縣，指揮喬剛禦之，賊少却。逵追敗之高苑，令指揮張勛邀之滄州，先後俘斬二百七十餘人。未幾，賊別部掠德平，逵盡殲之，威名大著。

十二年遷江西副使。時宸濠黨暴橫，逵以法痛繩之。嘗言於孫燧曰：「寧王敢爲暴者，恃權臣也。權臣左右之者，貪重賄也。重賄由於盜藪，今惟翦盜則賄息，賄息則黨孤。」燧深然之，每事輒與密議。及宸濠縛燧，逵爭之。宸濠素忌逵，問許副使何言，逵曰：「副使惟赤心耳。」宸濠怒曰：「我不能殺汝邪？」逵罵曰：「汝能殺我，天子能殺汝。汝反賊，萬段磔汝，汝悔何及！」宸濠大怒，幷縛之，曳出斫其頸，屹不動。賊衆共推抑令跪，卒不能，遂死，年三十六。

初，逵以文天祥集貽其友給事中張漢卿而無書。漢卿語人曰：「寧邸必反，汝登其爲文山乎？」逵父家居，聞江西有變，殺都御史及副使，卽爲位，易服哭。人怪問故，父曰：「副使，必吾兒也。」世宗卽位，贈左副都御史，諡忠節，廕一子。又錄山東平賊功，復廕一子。嘉靖元年詔逵死事尤烈，改贈逵禮部尚書，進廕指揮僉事。

長子瑒，好學有器識。旣葬父，日夜號泣，六年而後就廕。人或趣之，瑒曰：「吾父死，瑒乃因得官。」痛哭不能仰視。瑒子郯，事親孝。隆慶中舉於鄉，數試禮部不第。有試官與瑒婚姻，慕郊才，欲收羅之。郊曰：「若此，何以見先忠節地下？」許氏子孫不如孫氏貴顯，亦能傳其家。

黃宏，字德裕，鄞人。弘治十五年進士。知萬安縣。民好訟，訟輒禱於神，宏毀其祠曰：「令在，何禱也。」訟者至，輒片言折之。累遷江西左參議，按湖西、嶺北二道。王守仁討橫水、桶岡賊，宏主餉有功。賊閔念四既降，復恃宸濠勢，剽九江上下。宏發兵捕之，走匿宸濠祖墓中，盡得其輜重以歸。宸濠逆節益露，士大夫以爲憂，宏正色曰：「國家不幸有此，我輩守土，死而已。」有持大義不從宸濠黨者，宏每陰左右之。宸濠反，宏被執，憤怒，以手梏向柱擊項，是夕卒，賊義而棺斂之。子紹文奔赴，求得其棺，以僞命治斂，非父志，亟易之，扶歸。

時主事馬思聰亦抗節死。思聰，字懋聞，莆田人。弘治末舉進士，爲象山知縣，復二十六渠，溉田萬頃。累遷南京戶部主事，督糧江西，駐安仁。值宸濠反，被執繫獄，不屈，絕食六日死。

世宗立，贈宏太常少卿，思聰光祿少卿，並配享旌忠祠。時有謂宏、思聰死節非眞者。

給事中毛玉勘江西逆黨，復請表章宏、思聰及承奉周儀，而宏子紹武訴於朝。巡按御史穆相列上二人死節狀甚悉，遂無異議。

宋以方，字義卿，靖州人。弘治十八年進士。歷戶部郎中。正德十年遷瑞州知府。時華林大盜甫平，瘡痍未復，以方悉心撫字，吏民愛之。宸濠逆謀萌，而瑞故無城郭，以方築城繕守具，募兵三千，日夕訓練。宸濠深忌之，有徵索又不應，遂迫鎭守劾繫南昌獄。明日，宸濠反，出以方，脅之降，不可，械舟中。至安慶，兵敗，問地何名，舟子云「黃石磯」，江西人音，則「王失機」也。宸濠以爲不祥，斬以方祭江。後賊平，其子崇學求遺骸不得，斂衣冠歸葬。嘉靖六年，巡撫陳洪謨上其事，詔贈光祿卿，廕一子，立祠瑞州。

方宸濠之謀爲變也，江西士民受害者不可勝紀。〔四〕初遣閹校四出，籍民田廬，收縛豪强不附者。有萬木、鄭山，俱新建人，集鄉人結砦自固。賊黨謝重一馳入村，二人執之，積葦張睢陽廟前，縛人馬，生焚之，濠黨不敢犯。二人飲江上，爲盜淩十一所逼，趣見宸濠，烙而椎之，皆罵賊死。

趙楠，南昌諸生。兄模，嘗捐粟佐振。宸濠捕模索金，楠代往，脅之，不屈，被掠死。同邑辜增見迫，抗節不從，一家百口皆死。諸生劉世倫、儒士陳經官、義士李廣源，皆被掠，不屈死。

葉景恩者，以俠聞，族居吳城。宸濠將作難，捕景恩，脅降之，不從，死獄中。宸濠兵過吳城，景恩弟景允以三百人邀擊賊。賊分兵焚劫景允家，其族景集、景修等四十九人皆死。

又有閻順者，爲寧府典寶副。宸濠將反，順與典膳正陳宣、內使劉良微言不可，爲典寶正涂欽所譖，三人懼誅，潛詣京師上變。羣小庇宸濠，下之獄，搒掠備至。宸濠聞三人赴都，慮事泄，誣奏其罪，且嗾羣小必殺之，會已遣戍孝陵，乃免。世宗立，復官。

校勘記

〔一〕王均諒　原作「王君諒」，據太祖實録卷六六洪武四年六月戊戌條改。按本傳下文正作「均諒」。

〔二〕蜀將丁世珍召番數萬來攻　丁世珍，本書卷二太祖紀作「丁世貞」，太祖實録卷六六洪武四年六月戊戌條作「丁世真」。

〔三〕洪武四年　四年，原作「五年」，據本書卷二太祖紀、太祖實録卷六七洪武四年八月「是月」條改。

〔四〕江西士民受害者不可勝紀　江西，原作「西江」，據本書卷一九五王守仁傳改。

明史卷二百九十

列傳第一百七十八

忠義二

王冕，字服周，洛陽人。正德十二年進士。除萬安知縣。宸濠反，長吏多奔竄。冕募勇壯士，得死士數千人，從王守仁攻復南昌。宸濠解安慶圍，還救，至鄱陽湖，兩軍相拒。濠盡出金帛犒士，殊死戰，官軍不利。冕密白守仁，以小艇實葦於中，擬建昌人語，就賊艦，乘風舉火。濠兵大驚，遂潰敗，焚溺死者無算。濠易舟，挾宮人遁。冕部卒棹漁舟，追執之。宸濠平，守仁封新建伯，而冕未及敍，坐他事落職。旣而錄前功，擢兵部主事，巡視山海關。

嘉靖三年十二月，遼東妖賊陸雄、李眞等作亂，突入關。侍吏欲扶冕趨避，冕不可，曰：「吾有親在。」急趨母所，執兵以衞。賊至，母被傷，冕奮前救之，被執。脅以刃，大罵，遂見害。詔贈光祿少卿，有司祠祀。

世宗嗣位之歲，寧津盜起，轉掠至德平。知縣龔諒率吏民禦之，力屈，被殺。贈濟南通判，恤其家。

陳聞詩，字廷訓，柘城人。嘉靖中舉於鄉，以親老，絕意仕進。親歿，居喪哀毀。三十二年秋，賊師尙詔陷歸德，聞聞詩名，欲劫爲帥。已，陷柘城，擁之至，誘說百端，不屈。引其家數人斬之，曰：「不從，滅而族。」聞詩紿曰：「必欲吾行，毋殺人，毋縱火。」賊許諾，擁以行。聞詩遂不食，至鹿邑自經死。

董倫，歸德檢校也。尙詔入歸德，知府及守衞官皆遁。倫率民兵巷戰，被執，垂死猶手刃數賊。妻賈及童僕皆從死。詔贈聞詩鳳陽同知，倫歸德同知，並立祠死所。

王鈇，字德威，順天人。嘉靖二十九年進士。授常熟知縣。濱海多大猾，匿亡命作奸，鈇悉貰其罪。倭患起，鈇語諸猾曰：「何以報我？」咸請効死，於是立耆長，部署子弟得數百人，合防卒訓練。縣故無城，鈇率士卒城之。倭來薄，數禦却之。已，自三丈浦分掠常熟、江陰。參政任環令鈇與指揮孔燾分統官民兵三千，破其寨，斬首百五十有奇，焚二十七艘，餘倭皆遁。復掠旁縣，將由尚湖還海。鈇憤曰：「賊尚敢涉吾地邪！必擊殺之。」

會邑人錢泮，字鳴聲者，以江西參政里居，忿倭爇其父柩，力從臾贊鈇。乃用小艇數十躡倭，倭夾擊之隘中，獨耆長數人從，皆力鬭死。鈇陷淖，瞋目大呼，腹中刃死。泮被數鎗，殺三賊而死。時三十四年五月也。詔贈泮光祿卿，鈇太僕少卿，並廕錦衣世百戶，遣官諭祭，立祠死所，歲時奉祀。

錢錞，字鳴叔，鍾祥人。嘉靖二十九年進士。授江陰知縣。初至官，倭已熾。三十三年入犯，鄉民奔入城者萬計，兵備道王從古不納。錞曰：「民死不救，守空城奚爲！」遂開門縱之入，而身自搏戰於斜橋，三戰却之。明年六月，倭據蔡涇閘，分衆犯塘頭。錞提狼兵戰九里山，薄暮，雷雨大作，伏四起，狼兵悉奔，錞戰死。

時唐一岑知崇明縣，建新城成，議徙居，爲千戶高才、翟欽所沮。倭突入，一岑戰且詈，遂爲亂軍所殺。詔贈錞、一岑光祿少卿，錞世廕錦衣百戶，岑廕國子生，並建祠祀。

朱裒，字崇晉，鄖西人。嘉靖中舉於鄉，署鞏縣教諭事。遷武功知縣，抑豪强，祛積弊，關中呼爲鐵漢。遷揚州同知，吏無敢索民一錢。三十四年，倭入犯，擊敗之沙河，殲其酋，還所掠牲畜甚衆。未幾，復大至，薄城東門。督兵奮擊，兵潰，死焉。贈左參政，錄一子。

明年，倭犯無爲州，同知齊恩率舟師敗倭於圖山北等港，〔一〕斬首百餘級。子嵩，年十八，最驍勇，擊倭至安港，伏發被圍，恩家二十餘人俱力戰死，惟嵩等三人獲全。贈恩光祿丞，錄一子，厚恤其家，建祠祀之。

孫鏜，莒州人。商販吳、越。倭擾松江，謁郡守自請輸貲佐軍。守薦之參政翁大立，試以雙刀，若飛，錄爲士兵。擊走倭，出參政任環圍中。遣人還莒，括家貲，悉召里兒爲爪牙，吳中倚鏜若長城。倭舟渡泖渰，鏜突出，酣戰竟日，援兵不至，還至石湖橋，半渡，伏大起，鏜墮水，中刃死。贈光祿丞，錄一子，亦建祠祀。

杜槐，字茂卿，慈谿人。倜儻任俠。倭寇至，縣僉其父文明爲部長，令團結鄉勇。槐傷父老，以身任之，數敗倭。副使劉起安委槐守餘姚、慈谿、定海。遇倭定海之白沙，一日戰十三合，斬三十餘人，馘一酋，身被數鎗，墮馬死。

文明擊倭鳴鶴場，斬酋一人，倭驚遁，稱爲杜將軍。無何，追至奉化楓樹嶺，戰歿。文明贈府經歷，槐贈光祿丞，建祠並祀，廕槐子國子生。

黃釧，字珍夫，安溪人。由舉人歷官溫州同知。嘉靖三十四年，倭入犯，釧擊走之。知倭必復來，日夜爲備。又三年，倭果大至。釧出城逆擊，分軍爲三，釧將中軍，其二軍帥皆紈袴子，約左右應援。及與倭遇，倭遣衆分掩二軍，而以銳卒當中軍。釧發勁弩巨礮，戰良久，倭方不支，二軍帥望敵而潰。倭合兵擊釧，釧腹背受敵，遂被執。脅之降，不屈，責以金贖，釧笑且罵曰：「爾不知黃大夫不愛錢邪！」倭怒，裸而寸斬之。子購屍不獲，具衣冠葬。事聞，贈浙江參議，官一子，有司建祠。

是年，倭陷福清，舉人陳見率衆禦之，與訓導鄔中涵被執，大罵而死。倭乘勝犯惠安，知縣番禺林咸拒守五晝夜，倭引去。已，復至，咸擊之鴨山，窮追逐北，陷伏死。贈泉州同知，賜祠，任一子。

其陷興化，延平同知奚世亮署府事，守踰月，城陷，力戰死。贈右參議，廕子，賜葬。世亮，字明仲，黃岡人。

先是，三十一年，台州知事溧水武暐追倭釣魚嶺，力戰死，上官不以聞。其子尙實訴於朝，乃贈太僕丞，而廕尙實爲國子生。

王德，字汝修，永嘉人。嘉靖十七年進士。歷戶科給事中。定國公徐延德丐無極諸縣閒田爲業，且言私置莊田，不宜以災傷免賦。德抗疏劾之，俺答圍都城，屢陳軍國便宜，悉報可。時城門盡閉，避難者不得入，號呼徹西內。德以爲言，民始獲入。寇退，命募兵山東，所得悉驍勇，爲諸道最。還朝，會李默長吏部，怒德投刺倨，出爲嶺南兵備僉事。與巡撫爭事，投劾徑歸。默復起吏部，用前憾，落職閒住。德鄉居，以倭亂，奉母居城中，傾貲募健兒爲保障計。

三十七年夏，倭自梅頭至，大掠。德偕族父沛督義兵擊之，宵遁。俄一舟突來犯，沛及族弟崇堯、崇修殲焉。亡何，倭復至，大掠。德憤怒，勒所部追襲至龍灣，軍敗，手射殺數人，罵賊死。然倭自是不敢越德鄉侵郡城矣。事聞，贈太僕少卿，世廕錦衣百戶，立祠曰愍忠。沛贈太僕丞，立祠，予廕。

汪一中，字正叔，歙人。嘉靖二十三年進士。由開封推官歷江西副使。四十年，鄰境賊入寇，薄泰和。一中方讌，投箸起曰：「賊鼓行而西，掩我不備，不早計，且無噍類，豈飲酒時乎！」當路遂以討賊屬之。先是，泰和巡檢劉芳力戰死，賊怒磔其尸。一中至，率諸將吏祭曰：「爾職抱關，猶死疆事。吾待罪方面，不滅賊，何以生爲！」遂誓師，列陣鼓之，俘五人，斬首以徇。

旦日，陣如前，會賊至，左右軍皆潰，賊悉赴中軍，中軍亦潰。一中躍馬當賊鋒，射殺二人，手刃一人，而左脅中鎗二，臂中刃三，與指揮王應鵬、千戶唐鼎皆死。妻程投於井，家人出之，喪至，不食五日死。一中贈光祿卿，給祭葬，謚忠愍，妻程並贈卹如制。

蘇夢暘，萬曆間，爲雲南祿豐知縣。三十五年十二月，武定賊鳳騰霄反，圍雲南府城，轉寇祿豐。夢暘率民兵出城力戰，賊退去。明年元旦，方朝服祝釐，賊出不意襲陷其城，執之去，不屈死。贈光祿少卿，有司建祠，錄一子。

當祿豐之未陷也，賊先犯嵩明州，吏目韋宗孝出禦而敗，合門死之。贈本州同知，廕子入國學。

有龍旌者，趙州人，由歲貢生爲嵩明州學正。賊薄城，被執，罵賊死。贈國子博士。

張振德，字季修，崑山人。祖情，從祖意，皆進士。情福建副使，意山東副使。振德由選貢生授四川興文知縣。縣故九絲蠻地，萬曆初，始建土牆數尺，戶不滿千。永寧宣撫奢崇明有異志，潛結奸人，掠賣子女。振德捕奸人，論配之，招還被掠者三百餘人。崇明賄以二千金，振德怒却之，裂其牘。

天啓元年方赴成都與鄉闈事，而崇明部將樊龍殺巡撫徐可求，副使駱日升、李繼周等。重慶知府章文炳、巴縣知縣段高選皆抗節死，賊遂據重慶。時振德兼署長寧，去賊稍遠，從者欲走長寧。振德曰：「守興文，正也。」疾趨入城。長寧主簿徐大禮與振德善，以騎來迎，振德却之。督鄉兵與戰，不敵，退集居民城守。會大風雨，賊毀土城入。振德命妻錢及二女持一劍坐後堂，曰：「若輩死此，吾死前堂。」乃取二印繫肘後，北向拜曰：「臣奉職無狀，不能殺賊，惟一死明志。」妻女先伏劍死。乃命家人舉火，火熾自剄。一門死者十二人。賊至火所，見振德面如生，左手繫印，右手握刀，忿怒如赴敵狀，皆駭愕，羅拜而去。事聞，賜祭葬，贈光祿卿，謚烈愍。敕有司建祠，世廕錦衣千戶。

振德既死，輿文教諭劉希文代署縣事。甫半載，賊復薄城，誓死不去。妻白亦慷慨願同死。城破，夫婦罵賊，並死。

大禮守長寧，城亦陷。大禮曰：「吾不可負張公。」一家四人仰藥死。贈重慶同知，世廕百戶。

文炳，長泰人。萬曆四十一年進士。歷戶部郎中，遷知府，治行廉潔，吏民愛之。賊既殺巡撫可求等，文炳罵賊亦被殺。後知其賢，爲覓屍殯而歸之，喪出江上，夾岸皆大哭。贈太僕少卿，再贈太常卿，世廕外衞副千戶。

高選，雲南劍川縣人。萬曆四十七年進士。適在演武場，聞變，立遣吏歸印於署，厲聲叱賊。賊魁戒其下勿殺，而高選罵不絕聲，遂遇害。父汝元，母劉，側室徐及一子一女，聞變，皆自盡。僕冒死覓主屍，亦被害。初贈尚寶卿，世廕百戶。崇禎元年，子暄援振德例，叩閽請優恤，贈光祿卿，世廕錦衣千戶，建祠奉祀。汝元等亦獲旌。十五年復以謚請，賜謚恭節。

時先後殉難者，灌縣知縣左重，率壯士追賊成都，力戰馬蹶，罵賊死。南溪知縣王碩輔，城陷自盡，賊支解之。桐梓知縣洪維翰，城陷，奪印，不屈死。典史黃啓鳴亦死。郫縣訓導趙愷，率衆擊賊，被刺死。遵義推官馮鳳雛，挺身禦賊，被創死。遵義司獄蘇楧、威遠經歷袁一修，義不汙賊，墜城死。大足主簿張志譽、典史宋應皐，集兵奮戰，力屈死。所司上其狀，贈重、碩輔、維翰尚寶卿，世廕千戶。啓鳴重慶通判，愷重慶同知，俱世廕試百戶。崇禎十二年，重子廷皐援高選例乞恩，命如其請。

崇明父子據永寧，貴陽同知嘉興王昌胤分理永寧衞事，死難。贈僉事，賜祭。崇禎初，其子監生世駿言：「賊踞永寧，臣父刺血草三揭，繳印上官，以次年五月再拜自縊。賊恨之，焚其屍。二孫、一孫女及僕婢十三人，同日被害。乞如張振德例，優加卹典。」報可。

董盡倫，字明吾，合州人。萬曆中舉於鄉，除清水知縣，調安定，咸有惠政。秩滿，安定人詣闕奏留，詔加鞏昌同知，仍視縣事。久之，以同知理甘州軍餉，解職歸。天啓初，奢崇明反，率衆薄城。盡倫偕知州翁登彥固守。賊遣使說降，盡倫大怒，手刃賊使，抉其睛啖之，屢挫賊鋒，城獲全。復率衆援銅梁有功，尋被檄擣重慶，孤軍深入，伏四起，遂戰死。贈光祿少卿，世廕百戶，建祠奉祀，尋改廕指揮僉事。崇禎初，論全城功，改廕錦衣千戶。

其時里居士大夫死節者，有李忠臣，永寧人，官松潘參政。家居，陷賊。募死士，密約總兵官楊愈懋，令以大兵薄城，己爲內應。事洩，合門遇害。高光，瀘州人，嘗爲應天通判。城陷，薙髮爲僧，與子在崑募壯士，殺賊百餘。賊怒，追至大葉壩，光罵賊不屈，與家衆十二人同死。胡縝，永寧舉人。預策崇明必反，上書當事，不納。賊起，被執，嚴刑錮獄中。弟緯傾家救免，乃糾義徒，潛結賊將張令等，執其僞相。部勒行陣，自當一面，數斬馘，賊甚畏之。旣而爲火藥焚死。聶繩昌，富順舉人。毀家募義勇禦賊，戰死。吳長齡，瀘州監生。

率衆恢復瀘州，尋中伏，父子俱戰死。胡一夔，興文人。仕龍陽縣丞，被執，不屈死。皆未予恤。

龔萬祿，貴州人。目不知書，有膽志，膂力過人。從劉綎征楊應龍，先登海龍囤，署守備，戍建武所。

奢崇明反，衆推萬祿遊擊將軍，主兵事。指揮李世勛，名位先萬祿，亦受節制，戮力固守。崇明謀犯成都，憚萬祿牽其後，遣部將張令說降。令與萬祿結，紿崇明以降。崇明果遣他將來戍，萬祿脅降之，誘殺無算。復微服走敍州，說副使徐如珂曰：「賊精騎萃成都，留故巢者悉老弱，誠假萬祿萬人擣其巢，彼必還救，成都圍立解矣。」如珂奇其計，而不能用。

未幾，賊悉衆攻建武，萬祿邀擊十里外，兵少敗還，城遂陷。世勛具衣冠再拜，率家屬自焚死。萬祿手刃兩妾、兩孫，自刎不殊，乃握矟馳出，大呼：「我龔萬祿也，孰能追我者！」賊相視不敢逼。走至敍州，乞師巡撫朱燮元，遂以兵復建武。會官軍敗於江門，賊四面來攻，萬祿力戰三日，手刃數十人，與子崇學並死。詔贈都督僉事，立祠賜祭，世廕百戶。

時成都衞指揮翟英扼賊龍泉驛，〔三〕成都後衞指揮韓應泰赴援成都，遇賊草堂寺，小河所鎮撫郁聯若鏖賊城西，茂州百戶張羽救援郫縣，皆力戰死。

管良相者，烏撒衞指揮也，爲人慷慨負奇節。天啓初，樊龍等反於四川，巡撫李橒召至麾下，與籌軍事。良相策安邦彥必反，佐橒爲固守計。尋以祖母疾，乞假歸，泣語橒曰：「烏撒孤城，密邇水西，且與安效良相讐。水西有變，禍必首及，良相無子，願以死報國。乞建長策，保此一方。」逾月，邦彥果反，圍其城，良相固守不下。久之，外援不至，城陷，自縊死。

同官李應期、朱運泰、蔣邦俊亦遇害。時普定衞王明重、威淸衞丘述堯、平壩衞金紹勛、壩陽把總簡登、龍里故守備劉臯、臯子景並死難，而訓導劉三畏，賊至不避，兀坐齋中，見殺，人稱「龍里三劉」。

徐朝綱，雲南晉寧人。萬曆二十八年舉於鄉。天啓元年，授安順推官，至卽署府事。明年，安邦彥反，來攻城，朝綱督兵民共守。土官溫如璋等開門迎賊，朝綱奮怒督戰，賊執之，逼降，不屈。索其印，罵曰：「死賊奴，吾頭可斷，印不可得！」賊怒，刀斧交下而死。其妻聞之，登樓自縊。長子婦急舉火焚舍，挈十歲女躍烈焰中死。孫應魁，年十六，持矛潰圍出城覓其祖，遇賊被殺。婢僕從死者十一人。

五年正月恤殉難諸臣，贈朝綱光祿少卿，廕子入國學。子天鳳甫第進士，卽奔喪歸，服闋，授戶部主事。疏言：「臣家一門，臣死忠，妻死節，婦死姑，孫死祖，婢僕死主。此從來未有之節烈，乞如張振德例，再加優恤。臣母、臣嫂，一體旌表。」帝深嘉之，再贈光祿卿，改廕錦衣世千戶，賜祭葬，立祠建坊，諸從死者皆附祀。

同時殉難者：

楊以成，雲南路南人。萬曆中，由貢生授貴陽通判，理畢節衞事。秩滿，進同知，仍治畢節。邦彥圍貴陽，以成具蠟書乞援於雲南巡撫沈儆炌。書發而賊已至，戰却之。賊來益衆，以成遣吏懷印間道趨省，身督吏民拒守。會援兵至，賊方夜逃，而衞吏阮世爵爲內應，城遂陷。以成倉皇投繯，賊縶之去。乃爲書述賊中情形，置竹筒中，遣弟以恭赴雲南告變，至散納溪，賊搜得其書，幷以成殺之，家屬死者十三人。贈按察僉事，賜葬。

鄭鼎，字爾調，龍溪人。由鄉舉爲廣順知州。策安邦彥必反，上書當事言狀。州故無城，督民樹柵實以土。無何，邦彥果反，來攻城，鼎誓死固守。或言賊勢盛，宜走定番。鼎曰：「吾守土吏也，義當與城存亡。」及賊入，與土官金燦端坐堂上，並爲賊所殺，婢僕從死者六人。吏目胡士統被執，亦不屈死。巡撫李標上於朝，贈僉事，賜祭。崇禎元年，以成子舉人興南，鼎子舉人崑禎皆援朝綱例，請加卹，並贈光祿卿，世廕錦衣千戶，予祭葬，有司建祠立坊，以恭亦附祀。崑禎後舉進士，歷御史，尙寶卿。

時有孫克恕者，字推之，馬平人。舉於鄉，歷官貴州副使，分巡思石道。禦賊戰死，有虎守其骸不去，蠻人嗟異。事聞，贈太僕卿，賜祭葬。

姬文胤，字士昌，華州人。舉於鄉。天啓二年授滕縣知縣。視事甫三日，白蓮賊徐鴻儒薄城，民什九從亂。文胤徒步叫號，驅吏卒登陴，不滿三百，望賊輒走，存者纔數十。問何故從賊，曰：「禍由董二。」董二者，故延綏巡撫董國光子也，居鄉貪暴，民不聊生，故從賊。文胤憑城諭曰：「良民以董二故，挺而從賊。吾將執二置諸法，爲若雪憤，可乎？」文胤身長赤面，鬚髯戟張，賊望見，駭爲神人，皆讙呼羅拜。

俄而發箭西隅，斃二賊。視之，延綏沙柳幹也。賊謂文胤紿之，大憤，肉薄登城，衆悉潰。文胤緋衣坐堂皇，嚼齒罵賊。賊前，搏裂冠裳，械繫之，罵不屈。三日潛解印，畀小吏魏顯照及家僮李守務，北向拜闕，遂自經。賊搒掠顯照索印，顯照潛授其父，而與守務罵賊，並死之。事聞，贈太僕少卿，立祠致祀，錄一子，優恤顯照、守務家。董二踰城遁去。

時賊陷鄒縣，博士孟承光被執，詬詈不屈死。贈尚寶少卿，世廕錦衣千戶。承光，字永觀，亞聖裔，世廕五經博士也。

朱萬年，黎平人。萬曆中，舉於鄉。歷萊州知府，有惠政。崇禎五年，叛將李九成等陷登州，率衆來犯。萬年率吏民固守。時山東巡撫徐從治、登萊巡撫謝璉並在城中，被圍，堅守數月，從治中礮死。賊詭乞降，璉率萬年往受，爲所執。萬年曰：「爾執我無益，盍以精騎從我，呼守者出降。」賊以精騎五百擁萬年至城下，萬年大呼曰：「我被擒，誓必死。賊精銳盡在此，急發礮擊之，毋以我爲念！」守將楊御蕃不忍，萬年復頓足大呼，賊怒殺之。城上人見萬年已死，遂發礮，賊死過半。事聞，贈太常卿，賜祭葬，有司建祠，官一子。

初，賊掠新城，知縣秦三輔、訓導王協中禦之，並死。其陷黃縣，知縣吳世揚罵賊死，縣丞張國輔、參將張奇功、守備熊奮渭皆力戰死。陷平度，知州陳所聞自縊死。三輔、世揚贈光祿少卿，所聞贈太僕少卿，並賜祭葬，建祠，廕子。協中、國輔、奇功亦贈恤有差。三輔，三原人。世揚，洛陽人。所聞，畿輔人。並起家乙榜。

張瑤，蓬萊人。天啓五年進士。授開封府推官，絶請寄，抑豪强，吏民畏如神。崇禎四年行取入都，吏科宋鳴梧力援宋玫爲給事，而抑瑤，授府同知。瑤怒，疏摭玫行賄狀。吏部尚書閔洪學劾瑤饋遺奔競，鳴梧復極論之，謫河州判官，未赴。明年正月，李九成等逼登州，瑤率家衆登陴拒守。城陷，瑤猶揮石奮擊。賊擁執之，大罵不屈，被殺。妻女四人並投井死。贈光祿少卿。

先是，賊陷新城，舉人王與夔、張儼然死之。其陷他縣者，貢生張聯台、蔣時行亦死之。皆格於例，不獲旌。禮部侍郎陳子壯上言：「舉貢死難，無恤典，舊制也。然名旣登於天府，恩獨後於流官，九泉之下，能無怨恫。比者，武舉李調禦賊捐軀，已蒙贈恤。武途如此，文儒安得獨遺。乞量贈一官，永爲定制。」可之。乃贈與夔、儼然宛平知縣，聯台、時行順天府教授。其後地方死難，若舉人李讓、吳之秀、賈煜、張慶雲，貢生張茂貞、張茂恂，皆贈官如前制。

何天衢，字升宇，阿迷州人。有勇略，土酋普名聲招爲頭目，使駐三鄉。崇禎三年，名聲反，謀出三路兵，至昆明會戰。令天衢自維摩羅平入，以礮手三百人助之。天衢慨然曰：「此大丈夫報國秋也，吾豈爲逆賊用哉！」坑殺礮手數十人，率衆歸附，署維摩州同知李嗣泌開城納之。名聲已陷彌勒，聞大懼，急撤兩路兵歸。巡撫王伉上其事，授爲守備。後數與嗣泌進勦有功。

及名聲死，妻萬氏代領其衆，屢攻天衢。天衢屢挫之，錄功，進參將。十三年擢副總兵。萬氏贅沙定洲爲壻，益以南安兵，且厚賂黔國公用事者，令毀天衢。天衢請兵餉皆不應，賊悉力攻之，食盡，舉家自焚死。

初，名聲之亂，有楊于陛者，劍州人。舉於鄉。歷官武定府同知。巡撫伉令監紀軍事，兵敗被執，死之。贈太僕少卿，建祠曰精忠。

校勘記

〔一〕敗倭於圌山北等港　圌山，原作「團山」，據世宗實錄卷四三四嘉靖三五年四月甲辰條改。按本書卷四〇地理志載，圌山屬鎮江府，與傳文所記地區相符。

〔二〕翟英扼賊龍泉驛　翟英，本書卷二四九朱燮元傳作「瞿英」。

明史卷二百九十一

列傳第一百七十九

忠義三

潘宗顏 竇永澄等　張銓　何廷魁 徐國全　高邦佐 顧頤　崔儒秀
陳輔堯　段展　鄭國昌 張鳳奇　盧成功等　黨還醇 安上達　任光裕等
李獻明 何天球　徐澤　武起潛　張春　閻生斗 李師聖等　王肇坤
王一桂　上官藎等　孫士美 白慧元　李禎宁等　喬若雯 李崇德等
張秉文 宋學朱等　顏胤紹 趙珽等　吉孔嘉 王端冕等　邢國璽
馮守禮等　張振秀 劉源清等　鄧藩錫 王維新等　張焜芳

潘宗顏，字士瓚，保安衞人。善詩賦，曉天文、兵法。舉萬曆四十一年進士，歷戶部郎中。數上書當路言遼事，當路不能用。以宗顏知兵，命督餉遼東。旋擢開原兵備僉事。

四十六年，馬林將出師，宗顏上書經略楊鎬曰：「林庸懦，不堪當一面，乞易他將，以林爲後繼，不然必敗。」鎬不從。宗顏監林軍，出三岔口，營稗子峪，夜聞杜松敗，林軍遂譁。及旦，大清兵大至。林恐甚，一戰而敗，策馬先奔。宗顏殿後，奮呼衝擊，膽氣彌厲。自辰至午，力不支，與遊擊竇永澄、守備江萬春、贊理通判董爾礪等皆死焉。事聞，賜祭葬，贈光祿卿，再贈大理卿，廕錦衣世百戶，諡節愍，立祠奉祀。永澄等亦賜恤如制。

張銓，字宇衡，沁水人。萬曆三十二年進士。授保定推官，擢御史，巡視陝西茶馬。以憂歸，起按江西。

時遼東總兵官張承蔭敗歿，而經略楊鎬方議四道出師。銓馳奏言：「敵山川險易，我未能悉知，懸軍深入，保無抄絕？且突騎野戰，敵所長，我所短。以短擊長，以勞赴逸，以客當主，非計也。昔臚朐河之戰，五將不還，奈何輕出塞。爲今計，不必徵兵四方，但當就近調募，屯集要害以固吾圉，厚撫北關以樹其敵，多行間諜以攜其黨，然後伺隙而動。若加賦選丁，騷擾天下，恐識者之憂不在遼東。」因請發帑金，補大僚，宥直言，開儲講，先爲自治之本。又言：「李如柏、杜松、劉綎以宿將並起，宜責鎬約束，以一事權。唐九節度相州之潰，可爲明鑑。」又言：「廷議將恤承蔭，夫承蔭不知敵誘，輕進取敗，是謂無謀。猝與敵遇，行列錯亂，是謂無法。率萬餘之衆，不能死戰，是謂無勇。臣以爲不宜恤。」又論鎬非大帥才，而力薦熊廷弼。

四十八年夏復上疏言：「自軍興以來，所司創議加賦，畝增銀三釐，未幾至七釐，又未幾至九釐。辟之一身，遼東，肩背也，天下，腹心也。肩背有患，猶藉腹心之血脈滋灌。若腹心先潰，危亡可立待。竭天下以救遼，遼未必安，而天下已危。今宜聯人心以固根本，豈可朘削無已，驅之使亂。且陛下內廷積金如山，以有用之物，置無用之地，與瓦礫糞土何異。乃發帑之請，叫閽不應，加派之議，朝奏夕可。臣殊不得其解。」銓疏皆關軍國安危，而帝與當軸卒不省。綖、松敗，時謂銓有先見云。

熹宗卽位，出按遼東，經略袁應泰下納降令，銓力爭，不聽，曰：「禍始此矣。」天啓元年三月，瀋陽破，銓請令遼東巡撫薛國用帥河西兵駐海州，薊遼總督文球帥山海兵駐廣寧，以壯聲援。疏甫上，遼陽被圍，軍大潰。銓與應泰分城守，應泰令銓退保河西，以圖再舉，不從。守三日，城破，被執不屈，欲殺之，引頸待刃，乃送歸署。銓衣冠向闕拜，又遙拜父母，遂自經。事聞，贈大理卿，再贈兵部尙書，謚忠烈。官其子道濬錦衣指揮僉事。

銓父五典，歷官南京大理卿，時侍養家居。詔以銓所贈官加之，及卒，贈太子太保。

初，五典度海內將亂，築所居竇莊爲堡，堅甚。崇禎四年，流賊至，五典已歿，獨銓妻霍氏在，衆請避之。曰：「避賊而出，家不保。出而遇賊，身更不保。等死耳，盍死於家。」乃率僮僕堅守。賊環攻四晝夜，不克而去。副使王肇生名其堡曰「夫人城」。鄉人避賊者多賴以免。

道濬既官錦衣，以忠臣子見重，屢加都指揮僉事，僉書衞所。顧與閹黨楊維垣等相善，而受王永光指，攻錢龍錫、成基命等，爲公論所不予。尋以納賄事敗，戍雁門。流賊起，山西巡撫宋統殷檄道濬軍前贊畫。道濬家多壯丁，能禦賊。

崇禎五年四月，賊犯沁水，寧武守備猛忠戰死。道濬遣遊擊張瓚馳援，賊乃退。八月，紫金樑、老回回、八金剛等以三萬衆圍竇莊，謀執道濬以脅巡撫。道濬屢敗賊，賊乃欲因道濬求撫。紫金樑請見，免胄前曰：「我王自用也，誤從王佳胤至此。」〔一〕又一人跽致辭曰：「我宜川廩生韓廷憲，爲佳胤所獲，請誓死奉約束。」道濬勞遣之，而陰使使啗廷憲圖賊。賊至舊縣，守約不動，廷憲日慫紫金樑就款，未決。官軍襲之，賊怒，尤廷憲，遂敗約，南突濟源，陷温陽。

九月，廷憲知紫金樑疑己，思殺之以歸，約道濬伏兵沁河以待。道濬遣所部劉偉佐之。

是夕，賊攻諸生蓋汝璋樓，掘地深丈餘，樓不毀。賊怒，誓必拔。雞鳴不得間，廷憲知事且洩，偕偉倉卒奔。賊追之及河，伏起，殺追者滾山虎等六人，皆賊腹心也。賊臨沁河，索廷憲。竇莊東面河，道濬潛渡上流，繞賊後大譟，賊駭遁去。未幾，官軍扼賊陵川，師潰，道濬據九仙臺以免。十二月，廷憲知紫金樑、亂世王有隙，縱諜遺書間之。亂世王果疑，遣其弟混世王就道濬乞降。時統殷以失賊罷，許鼎臣來代，主進討。道濬權詞難之曰：「斬紫金樑以來，乃得請。」混世王怏怏去，賊衆遂分部掠諸郡縣。

明年三月，官軍躡賊，自陽城而北。道濬設伏三纏凹，擒賊渠滿天星等，巡撫鼎臣奏道濬功第一。八月，賊陷沁水。沁水當賊衝，去來無時，道濬倡鄉人築堡五十四以守，賊五犯皆却去，至是乃陷。道濬率家衆三百人馳赴擊賊，賊退徙十五里。道濬收散亡，捕賊衆，傾家困以餉。副使王肇生列狀上道濬功。道濬故得罪清議，冀用軍功自湔祓，而言者劾其離伍冒功。巡按御史馮明玠覆劾，謂沁城既失，不可言功，乃更戍海寧衞。

何廷魁，字汝謙，山西威遠衞人。萬曆二十九年進士。授涇縣知縣，調寧晉，遷刑部主事，歷歸德、衞輝、河南知府，西寧副使。坐考功法，復爲黎平知府。會遼事棘，遷副使，分巡遼陽。

袁應泰納降，廷魁爭，不聽。及瀋陽破，同事者遣孥歸，廷魁曰：「吾不敢爲民望。」大清兵渡濠，廷魁請乘半濟急擊之。俄薄城，圍未合，又請盡銳出禦。應泰並不從。遼陽破，廷魁懷印率其妾高氏、金氏投井死，婢僕從死者六人。都司徐國全聞之，亦自經公署。事聞，贈光祿卿，再贈大理卿，賜祭葬，諡忠愍，世廕錦衣百戶。國全贈恤如制。

高邦佐，字以道，襄陵人。萬曆二十三年進士。授壽光知縣，教民墾荒，招集流亡三千家。歷戶部主事、員外郎。遷永平知府，濬灤河，築長堤。裁抑稅使高淮，不敢大橫。遷天津兵備副使，平巨盜董時耀。轉神木參政，屢破套寇沙計。以嫡母憂歸，補薊州道，坐調兵忤主者意，被劾歸。

天啓元年，遼陽破，起參政，分守廣寧。以母年八十餘，涕泣不忍去，母責以大義乃行。熊廷弼、王化貞搆隙，邦佐知遼事必敗，累乞歸。方報允，而化貞棄廣寧逃。衆謂邦佐既請告，可入關。邦佐叱曰：「吾一日未去，則一日封疆臣也，將安之！」夜作書訣母，策騎趨右屯謁廷弼，言：「城中雖亂，敵尚未知。亟提兵入城，斬一二人，人心自定。公卽不行，請授邦佐兵赴難。」廷弼不納，偕化貞並走。邦佐仰天長嘆，泣語從者曰：「經、撫俱逃，事去矣。松山吾守地，當死此。汝歸報太夫人。」遂西向拜闕，復拜母，解印綬自經官舍。僕高永曰：「主死，安可無從者。」亦自經於側。事聞，賜祭葬，贈光祿卿，再贈太僕卿，謚忠節，世廕錦衣百戶。邦佐與張銓、何廷魁皆山西人，詔建祠宣武門外，顏曰三忠。

同時顧頤，以右參政分守遼海道。廣寧之變，力屈自經。贈太僕少卿，世廕本衞副千戶。

崔儒秀，字徹初，陝州人。萬曆二十六年進士。歷戶部郎中，遷開原兵備僉事。時開原已失，儒秀募壯士，攜家辭墓行。經略袁應泰以兵馬甲仗不足恃爲憂，儒秀曰：「恃人有必死之心耳。」應泰深然之。遼陽被圍，分守東城，矢集如雨，不少却。會兵潰，儒秀痛哭，戎服北向拜，自經。事聞，賜恤視何廷魁，賜祠曰愍忠，以陳輔堯、段展配祀。

輔堯，揚州人。萬曆中舉於鄉。歷永平同知，轉餉出關，與自在知州段展駐瀋陽。天啓元年，日暈異常。展牒應泰言天象示警，宜豫防。踰月，瀋陽破，展死之。輔堯方奉命印烙，左右以無守土責，勸之去。輔堯曰：「孰非封疆臣，何去爲。」望闕拜，拔刀自刭，與展並贈按察僉事。輔堯官膠州時，有餽山繭者，受而懸之公解中。展，涇陽舉人。

鄭國昌，邠州人。萬曆三十五年進士。歷山西參政。崇禎元年以按察使治兵永平，遷山西右布政使，上官奏留之。三年正月，大清兵自京師東行，先使人伏文廟承塵上，主者不覺也。初四日黎明登城，有守將左右之，國昌覺其異，捶之至死。須臾，北樓火發，城遂破。國昌自縊城上，中軍守備程應琦從之。應琦妻奔告國昌妻，與之偕死。

知府張鳳奇，推官盧成功，盧龍教諭趙允殖，副總兵焦延慶，東勝衞指揮張國翰及里居中書舍人廖汝欽，武舉唐之俊，諸生韓洞原、周祚新、馮維京、胡起鳴、胡光奎、田種玉等十數人皆死。國昌、鳳奇一門盡死。事聞，贈國昌太常卿，鳳奇光祿卿，並賜祭葬，廕一子。成功等贈恤有差。鳳奇，陽曲人，起家鄉舉。

黨還醇，字子貞，三原人。天啓五年進士。授休寧知縣，有善政，以父憂歸。崇禎二年服闋，起官良鄉。十二月，大清兵薄城，督吏民乘城拒守。或言縣小無兵，盍避去。還醇毅然曰：「吾守土吏也，去將安之！」救兵不至，力屈城破，與教諭安上達、訓導李廷表、典史史之棟、驛丞楊其禮並死焉。事定，父老覓還醇屍，得之草間，赤身面縛，體被數鎗，羣哭而殮之。

上達，貴州安順人。萬曆末年舉於鄉，謁選得教諭，至是闔門死難。

事聞，贈還醇光祿丞，予祭葬，有司建祠，官其一子。之棟等亦贈卹，給驛歸其喪。已而吏科上言：「還醇城亡與亡，之死靡貳，猶曰有守土責也。上達、之棟等，微員末秩，亦能致命遂志，有死無隕。宜破格褒崇，以爲世勸。朝廷必不惜今日之虛名，作將來之忠義，乃僅贈國學教職、良鄉主簿，於聖主優卹之典謂何！」帝感其言，下部更議，乃贈上達、廷表五經博士，與之棟等及千戶蕭如龍、何秉忠，百戶李廕並配祀還醇祠。武舉陳鼇測、諸生梅友松等十五人，烈婦朱氏等十七人，並建坊旌表。順天府尹劉宗周以上達得死難之正，請贈翰苑宮坊，不報。

是時，列城以死事聞者，更有香河知縣任光裕、灤州知州楊燫。光裕贈卹如還醇，燫贈光祿少卿，並任一子。

李獻明，字思皇，壽光人。崇禎元年進士。授保定推官。明年十一月，大清兵臨遵化，巡撫王元雅與推官何天球、遵化知縣徐澤及先任知縣武起潛等憑城拒守。時獻明以察核官庫駐城中。或謂此邑非君所轄，去無罪。獻明正色曰：「莫非王土，安敢見危避難。」請守東門，城破死之。

元雅，太原人。爲巡撫數月卽遇變，自縊死。天球以永平推官理遵化軍餉。澤，字兌若，襄陽人，獻明同年進士。涖任七日，與天球、起潛並殉難。

起潛，字用潛，進賢人。天啓五年進士。初爲武淸知縣，有諸生爲人所訐，納金酒甕以獻。起潛召學官及諸生貧者數人，置甕庭中，謂之曰：「美酒不可獨享，與諸生共之。」酒盡，金見，其人惶恐請罪，卽以金分畀貧者。治縣一年，有聲，調繁遵化。坐事被劾，解官候代，遂及於難。

巡撫方大任論畿輔諸臣功罪，因言元雅有失城罪，而一死節概凜然，足以蓋愆。樞輔孫承宗請卹殉難諸臣，亦首元雅。帝贈獻明、天球光祿少卿，澤光祿丞，俱廕一子。元雅以大吏失城，贈卹不及。

張春，字泰宇，同州人。萬曆二十八年舉於鄉。歷刑部主事，勵操行，善談兵。天啓二年，遼東西盡失，廷議急邊才，擢山東僉事，永平、燕建二路兵備道。時大軍屯山海關，永平爲孔道，士馬絡繹，關外難民雲集。春運籌有方，事就理而民不病。累轉副使、參政，仍故官。七年，哈剌慎部長汪燒餅者，擁衆窺桃林口，春督守將擒三人。燒餅叩關願受罰，春等責數之，誓不敢叛。

崇禎元年改關內道。兵部尚書王在晉惑浮言，劾春嗜殺，一日梟斬十二人。春具揭辯，關內民亦爲訟冤。在晉復劾其通奄剋餉，遂削籍，下法司治。督師袁崇煥言春廉惠，不聽。御史李炳言：「春疾惡過甚，爲人中傷。夫殺之濫否，一勘卽明，乞免提問。」不從。明年，法司言春被劾無實，乃釋之。

三年正月，永平失守，起春永平兵備參議。春言：「永平統五縣一州，今郡城及灤州、遷安並失，昌黎、樂亭、撫寧又關內道所轄。臣寄跡無所，當駐何城？臣以兵備名官，而實無一兵，操空拳入虎穴，安能濟事。乞於赴援大將中，敕一人與臣同事，臣亦招舊日義勇率之自效。臣身已許此城，不敢少規避。但必求實濟封疆，此臣區區之忠，所以報聖明而盡臣職也。」因言兵事不可預洩，乞賜陛見，面陳方略，帝許之。既入對，帝數稱善，進春參政。已而偕諸將收復永平諸城，論功加太僕少卿，仍涖兵備事，候巡撫缺推用。時乙榜起家者多授節鉞，而春獨需後命，以無援於朝也。永平當兵燹之餘，閭閻困敝，春盡心撫卹，人益懷之。

四年八月，大清兵圍大凌河新城，命春監總兵吳襄、宋偉軍馳救。九月二十四日渡小凌河。越三日次長山，距城十五里，大清兵以二萬騎來逆戰。兩軍交鋒，火器競發，聲震天地。春營被衝，諸軍遂敗，襄先敗，春復收潰衆立營。時風起，黑雲見，春命縱火，風順，火甚熾，天忽雨反風，士卒焚死甚衆。少頃雨霽，兩軍復鏖戰，偉力不支亦走。春及參將張洪謨、楊華徵，遊擊薛大湖等三十三人俱被執，部卒死者無算。諸人見我太宗文皇帝皆行臣禮，春獨植立不跪。至晚，遣使賜以珍饌。春曰：「忠臣不事二君，禮也。我若貪生，亦安用我。」遂不食。越三日，復以酒饌賜之，春仍不食，守者懇勸，感太宗文皇帝恩，始一食。令薙髮，不從。居古廟，服故衣冠，迄不失臣節而死。

初，襄等敗書聞，以春守志不屈，遂遷右副都御史，恤其家。春妻翟聞之，慟哭，六日不食，自縊死。當春未死時，我大清有議和意，春爲言之於朝，朝中譁然詆春。誠意伯劉孔昭遂劾春降敵不忠，乞削其所授憲職。朝議雖不從，而有司繫其二子死於獄。

閻生斗，字文瀾，汾西人。由歲貢生，歷保安知州。大清兵入保安，生斗集吏民固守。城破，被執死之。判官李師聖、吏目王本立、訓導張文魁亦同死，時崇禎七年七月也。八月入靈丘，知縣蔣秉采募兵堅守，力屈衆潰，投繯死，合門殉之。守備于世奇，把總陳彥武、馬如豸，典史張標，教諭路登甫並鬬死。事聞，贈生斗太僕少卿，餘贈恤如制。秉采，字亮白，全州舉人。

王肇坤，字亦資，蘭谿人。崇禎四年進士。除刑部主事，改御史。初，流賊破鳳陽，疏言兵驕將悍之弊，請假督撫重權，大將犯軍令者，便宜行戮。得旨申飭而已。出巡山海、居庸二關。

九年七月，大清兵入喜峰口，肇坤激衆往禦，不敵，退保昌平。被圍，與守陵太監王希忠，總兵官巢丕昌，戶部主事王一桂、〔三〕趙悅，攝知州事保定通判王禹佐分門守。有降丁二千爲內應，城遂破，肇坤被四矢兩刃而死。丕昌出降。一桂、悅、禹佐、希忠及判官胡惟忠、吏目郭永、學正解懷亮、訓導常時光、守備咸貞吉皆死之。禹佐子亦從父死。一桂，黃岡舉人，督餉昌平，以南城最衝，身往扼之。俄西城失守，被執死。妻妾子女暨家衆二十七人悉赴井死。悅以公事赴昌平，遂遇難。

未幾，大清兵攻順義。知縣上官藎，字忠赤，曲沃人。起家鄉舉，廉執有聲，在官三年，薦章十餘上。與遊擊治國器、都指揮蘇時雨等拒守。城破，藎自經。國器、時雨及訓導陳所蘊皆死。尋破寶坻，知縣趙國鼎、主簿樊樞、典史張六師、訓導趙士秀皆死。國鼎，山西樂平人。鄉試第一，崇禎七年進士。破定興，教諭灤州熊嘉志殉節死。破安肅，知縣臨清鄭延任與妻同殉。教諭靈壽耿三麟亦死之。

事聞，贈肇坤大理卿，予祭葬，官一子。一桂、悅並贈太僕少卿，廕子祭葬，餘贈䘏如制。

孫士美，青浦人。由鄉舉授舒城教諭。崇禎八年春，賊來犯，縣令以公事出，士美代守七十餘日，城以全。明年擢知深州。十一年冬，大清兵至，力守三日，城破，自剄於角樓。父訥亦自縊，一家死者十三人。贈太僕少卿，訥亦被旌。

是時，畿輔諸郡悉被兵，長吏多望風遁，失城四十有八。任丘白慧元、慶都黃承宗、靈壽馮登鰲、文安王鑰、蠡縣王冞、新河崔賢、鹽山陳誌、故城王九鼎，〔三〕皆以殉難聞。他若青縣張文煥、興濟錢珍、慶雲陳緘，城破被殺。教官死難者則有劉廷訓、張純儒、唐一中。鄉官則喬若雯、李禎宁最著。而棄城者，吳橋知縣李蓁隆等十人，皆坐死。

白慧元，青澗人。崇禎七年進士。居官善祛蠹，吏民畏之。九年以守城功，命減俸行取。會與大閹有隙，摭其罪於帝，逮治之，未行，大兵已抵城下，乃與代者李廉仲共守。無何，廉仲縋城遁，慧元躬擐甲冑，防禦甚力。及城破，一門俱死，贈僉事。

鄉官李禎宁，萬曆三十八年進士。歷山西按察使，罷歸，佐慧元拒守。城破，率家衆格鬭，身中數槊而死，一門從死者數人。承宗，未詳何許人。馮登鰲，膚施舉人，其從父大緯爲蠡縣訓導，亦死。王鑰，武功舉人。王冞，澤州人，進士。崔賢，弋州舉人。誌、九鼎，亦未詳何許人，誌自經死，九鼎戰死城上，各贈卹有差。

劉廷訓，順天通州人。歲貢生，爲吳橋訓導。崇禎十一年，大清兵入畿內，知縣李蓁隆欲遁，廷訓止之，與共守。外圍將合，蓁隆縋城走。廷訓急趨城上，語守者曰：「守死，逃亦死，盍死於守，爲忠義鬼乎！」衆泣諾，乃堅拒三晝夜。廷訓中流矢，束胸力戰，又中六矢乃死。踰月，其子啓棺更殮，面如生。

張純儒，新安人，爲臨城訓導，率諸生共城守，城破死之。唐一中，全州人，爲鉅鹿教諭，抗節死。

喬若雯，臨城人。萬曆四十七年進士。授中書舍人，遷禮部主事。崇禎元年春，廷臣爭擊魏忠賢黨，若雯亦兩疏劾兵部侍郎秦士文，御史張訥、智鋌，備列其傾邪狀。尋言：「故輔魏廣微，罪惡滔天，致先帝冒桓、靈之名，罪不下忠賢。其徒陳九疇、張訥、智鋌爲之鷹犬，專噬善類，罪不下『彪、虎』。乞死者削其官階，生者投之荒裔。」帝責其詆毀先帝，而九疇等下所司行遣。若雯尋改吏部，遷員外郎。出爲兗州知府，剔除積弊，豪猾斂手。以疾歸，士民遮道泣送。及城陷，若雯端坐按劍以待，遂被殺。

時鄉官李崇德、董祚、魏克家並以城亡殉難。崇德，青縣人。祚，隆平人。克家，高陽人。皆舉人。崇德歷戶部員外郎。祚未仕。克家爲鄒平知縣，有善政。若雯贈太常少卿，餘贈卹有差。

張秉文，字含之，桐城人。祖淳，官參政，事具循吏傳。秉文舉萬曆三十八年進士，歷福建右參政，與平海寇李魁奇。崇禎中，歷廣東按察使，右布政使，調山東爲左。

十一年冬，大清兵自畿輔南下。本兵楊嗣昌檄山東巡撫顏繼祖移師德州，於是濟南空虛，止鄉兵五百，萊州援兵七百，勢弱不足守。巡按御史宋學朱方行部章丘，聞警馳還，與秉文及副使周之訓、翁鴻業，參議鄧謙，鹽運使唐世熊等議守城，連章告急於朝。嗣昌無以應，督師中官高起潛擁重兵臨清不救，大將祖寬、倪寵等亦觀望。大清兵徇下州縣十有六，遂臨濟南。秉文等分門死守，晝夜不解甲，援兵竟無至者。

明年正月二日，城潰，秉文擐甲巷戰，已被箭，力不能支，死之。妻方、妾陳，並投大明湖死。學朱、之訓、謙、世熊及濟南知府苟好善、同知陳虞胤、通判熊烈獻、歷城知縣韓承宣皆死焉，德王由樞被執。秉文贈太常寺卿，之訓、謙光祿卿，承宣光祿少卿，皆建特祠，餘贈卹如制。學朱死，不得屍，疑未實，獨格不予，福王時，贈大理卿。鴻業及推官陸燦不知所終，贈卹亦不及。

學朱，字用晦，長洲人。崇禎四年進士。爲御史，嘗抗疏劾楊嗣昌、田維嘉，時論壯之。之訓，黃岡人，進士。累官浙江按察使，坐事貶官，被薦未擢而遘難。望闕再拜，與妻劉偕死，闔門殉之。謙，孝感人，進士。戰於城上，與季父有正偕死，母莫氏匿民間不食死，族戚傔從死者四十餘人。世熊，灌陽舉人，分守西門，被殺。好善，醴泉人，進士。虞胤，未詳。烈獻，黃陂貢生，城破，與二子俱死。承宣，大學士爌孫，進士，與妻妾同死。有劉大年者，江西廣昌人。官兵部主事，奉使南京，還朝，道歷城，城破抗節死。贈光祿少卿。

時大清兵所破州縣，守令失城者，皆論死。而臨邑宋希堯、博平張列宿、茌平黃建極、武城李承芳、丘縣高重光，皆以死節蒙贈卹。重光，字秀恒，保定人。由貢生爲柏鄉訓導，率蒼頭擊盜以全城，遂擢爲令。及大軍至，吏民欲負之逃，重光不可，抱印赴井死。

其縉紳殉難者，恩縣李應薦，天啓時，官御史。以附魏忠賢，麗名逆案。至是，捐貲募士，佐有司力守城，城破，身被數刃而死。歷城劉化光與子漢儀先後舉於鄉，父子俱守城力戰死，贈恤有差。

顏胤紹，字賡明，曲阜人，復聖六十五代孫也。崇禎四年進士。歷知鳳陽、江都、邯鄲，遷眞定同知，守城剿寇有功。十五年擢河間知府，比歲大饑，死亡載道，寇盜充斥，拊循甚至。閏十一月，大清兵至，與參議趙珽、同知姚汝明、知縣陳三接等堅守。援兵雲集，率逗遛。胤紹知城必破，豫集一家老稚於室中，積薪繞之，而身往城上策戰守。城破，趨歸官舍，舉火焚室，衣冠北向再拜，躍入火中同死。一門十四人悉被難。

斑，字秉珪，慈谿人。崇禎元年進士。知南安、侯官二縣，屢遷河間兵備僉事。

汝明，夏縣人。天啓初，舉於鄉。性孝友。崇禎間歲大祲，傾廩振濟，立義塚，瘞暴骨。授蠡縣知縣，聞鄉邑又饑，貽書其子令振救如初。後官河間，與妾任同死。

三接，文水人。舉崇禎六年鄉試，知河間縣。歲旱饑，人相食。三接至，雨卽降。有疑獄，數年不決，至卽決之。妻武氏賢，三接見封疆多故，遣之歸，答曰：「夫死忠，妻死節，分也。」三接巷戰死，武從之。

斑贈太僕卿，胤紹光祿卿，汝明、三接並僉事。

有周而淳者，掖縣人。由進士拜兵科給事中，與同官六人分督畿輔諸郡城守事。而淳甫至河間，城卽被圍，遂與諸臣同死，贈太常少卿。

先是，大兵入霸州，兵備副使趙煇偕知州丁師羲、里居參政李時芜等督士民固拒。援軍不至，城遂破。煇整冠帶自盡，子琬同死。師羲、時芜皆死之。煇，字黃如，河津人，崇禎七年進士，贈光祿卿。師羲，字象先，楚雄人。選貢生，贈參議。時芜，進士，累官參政，贈太常卿。

吉孔嘉，洋縣人。幼時愬父冤於巡按御史，獲釋，以孝稱。舉崇禎三年鄉試。授寧津知縣，蠲繁苛，除寇賊，闔邑頌德。累遷順德知府。十五年冬，大清兵臨城，與鄉官知府傅梅，中書舍人孟魯鉢、張鳳鳴募兵，悉力拒守，力屈城破，孔嘉與妻張、長子惠迪、次子婦王俱死。贈太僕少卿，妻子皆獲旌。梅，邢臺人。萬曆十九年舉於鄉。除知登封，有善政。遷刑部主事，治張差梃擊案，事別見。死，贈太常少卿。魯鉢，工部主事。

時以守城殉難者，有王端冕，字服先，江陵舉人。知趙州，以廉惠得民。城破，被執死之。敎諭陳廣心，元城人，起家乙榜。城將破，衣冠危坐，諸子環泣請避，厲聲曰：「吾平生所學何事，豈爲兒女戀戀耶！」遂被殺。訓導王一統，成安人。居家多義行，死節明倫堂。唐鉉，字節玉，睢州人。崇禎七年進士。歷定州知州，死之。高維岱，昌邑人。舉於鄉，知永清縣，視事甫旬餘卽遇變，一門死之。典史李時正、敎諭邸養性、鄉官劉維蕙同死。清豐破，敎諭曹一貞、訓導董調元皆死。鄉官吏部郎中李其紀、黃州推官侶鶴舉、富陽知縣杜斗愚亦死之。而南樂監生鄭獻書、河間襄陽知縣賈太初、永年山東副使申爲憲皆抗節死。鉉贈右參議，維岱僉事，餘贈恤有差。

邢國璽，長葛人。崇禎七年進士。授濰縣知縣，改建石城，盡心民事。時帝以修城郭、練民兵、儲糗糧、備戎器四事課天下，有司率視為具文，惟國璽奉行如詔。上官交薦，遷戶部主事。運道梗於盜，有議開膠萊河者，國璽力陳其便。擢登萊兵備僉事，經度河道。十五年，畿輔戒嚴，部檄徵山東兵入衞。國璽監督至龍岡，猝遇大清兵。部卒驚懼欲竄，國璽叱止之，身先搏戰，矢刃交加，墮馬死。撫按不奏，帝降旨嚴責，乃具聞，贈恤如制。

時大兵下山東，直抵海州、贛榆、沭陽、豐、沛，列城將吏，或遁或降。其身死封疆者，有馮守禮、張日新、張予卿、朱迥添、任萬民等。

守禮，猗氏人，舉於鄉。縣令有疑獄，語訴者得馮孝廉一刺，獄即解。其人懷金以告，拒不聽。選平定州學正，諸生兄弟爭產相訐，餽以金，守禮嚴却之，勸以友悌，感悟去。歷遷知萊蕪縣。城破，與二子攄奇、拱奇並自殺。

日新，浙江建德人。由歲貢為訓導，遷齊東教諭。見海內寇起，與諸生講藝習射，招土寇安守夏降之。及齊東被圍，與守夏登陴守，力屈及子光裔死之，妻方氏自刎，守夏亦從死。予卿知陽信，〔三〕城陷殉難。迥添者，瀋陽宗室也，居潞安。由宗學貢生為鄒平知縣，城失，全節以死。萬民，陽曲諸生。見鄉郡被寇，草救時八議、守城十二策，獻之當事，果得其用。以保舉授武城知縣，在職三年，有能聲，竟殉城死。

又文昌時，全州舉人。知臨淄縣，以廉慎得民。及大清兵東下，城受圍，與訓導中周輔共守。城破，舉家自焚，周輔亦殉難。同時，壽光知縣李耿，大興人。崇禎中進士，自縊城上。吳良能，遼東蓋州人。舉於鄉，知滕縣，城將破，盡殺家屬，拜母出，力戰死。吳汝宗，寧洋人。知東阿，城失守，死之。周啓元，黃岡舉人，知高苑縣，城破，朱衣坐堂上，死之。

劉光先，未詳里居，知豐縣。大兵二千騎營西城外，不攻。夜一人自營逸出，語城上人曰：「得梯即攻。」不信。又有逸者曰：「梯成，立攻矣。」婦人亦自營出曰：「盡甲矣。」昧爽突攻西南陬，方力禦，已登西北陬，光先殉焉。劉士璟，亦不知何許人，知沭陽，有強幹聲。竭力捍城，城破死之。贈山東僉事。

張振秀，臨清人。萬曆三十八年進士。知肥鄉、永平，遷兵部主事。泰昌元年改吏部，更歷四司，至文選員外郎，乞假歸。崇禎改元，起驗封郎中，歷考功、文選，擢太常少卿，坐事落職歸。

崇禎十五年，大清兵圍河間，遠近震恐。臨清總兵官劉源清偕榷關主事陳興言、同知路如瀛、判官徐應芳、吏目陳翔龍、在籍兵部侍郎張宗衡、員外郎邢泰吉、臨汾知縣尹任及振秀等合力備禦。未幾，城被圍，力拒數日，援不至，城破，並死之。興言，南靖人。如瀛，陵川人。應芳，臨川人。翔龍，蕭山人。泰吉、任皆進士。宗衡自有傳。源清，澤清弟，贈太子少保。

其時，城破殉難者，壽張王大年、曹州楚煙、滕縣劉弘緒數人。大年舉進士，歷御史，加太僕少卿，以附魏忠賢名挂逆案，至是盡節死。煙舉進士，歷戶部主事，解職歸。及城失守，力抗，子鳳苞以身翼之，皆被殺。妻趙觸柱死。弘緒歷車駕郎中，遇變死。

鄧藩錫，字晉伯，金壇人。崇禎七年進士。歷南京兵部主事。十五年遷兗州知府，甫抵任，已聞大清兵入塞，亟繕守具。未幾，四萬騎薄城下，藩錫走告魯王曰：「郡有吏，國有王，猶同舟也。列城失守，皆由貴家惜金錢，而令寡人、餓夫列陴捍禦。夫城郭者，我之命也。財賄者，人之命也。我不能畀彼以命，而望彼畀我以命乎？王誠散積儲以鼓士氣，城猶可存。不然，大事一去，悔無及矣。」王不能從。

藩錫與監軍參議王維新，同知譚絲、曾文蔚，通判閻鼎，推官李昌期，滋陽知縣郝芳聲，副將丁文明，長史俞起蛟及里居給事中范淑泰等分門死守。至十二月八日，力不支，城破，維新猶力戰，被二十一創乃死。藩錫受縛不降，被殺，其妾攜稚子投井死。魯王以派亦被殺。

昌期，永年人。芳聲，忻州人。並起家進士。昌期嘗監軍破土寇萬，衆推其才。芳聲治縣有聲。至是皆死。

起蛟，錢塘人。由貢生歷官魯府左長史，相憲王。及惠王立，欲易世子，起蛟力諫乃已。世子嗣位，値歲凶，勸王振貸，自出粟二千石佐之。大盜李青山率衆來犯，偕淑泰出擊，大破其衆。及王被難，起蛟率親屬二十三人殉之。文明亦戰死。

事聞，贈維新光祿卿，藩錫太僕少卿，昌期僉事，餘贈恤有差。

有樊吉人者，元城人。由進士知滋陽，累擢山東兵備僉事。未行遇變，自刎死。淑泰自有傳。

張焜芳，會稽人。崇禎元年進士。歷南京戶科給事中。十一年春，疏薦黃道周、惠世揚、陳子壯、金光辰，而爲舊撫文震孟請卹。帝以沽名市恩，切責之。又糾太僕少卿史𡎴，爲𡎴所訐，遂罷職，事具薛國觀傳。十六年正月，焜芳北上，抵臨清，遇大清兵，與諸生馬之騆、之駉俱被執死之。其妻妾聞之，赴井死。

時又有天津參將賀秉鉞者，泰寧左衞人。崇禎四年第武科一甲第三，亦以扶父柩至臨清，巷戰終日，矢盡，被執死。

校勘記

〔一〕誤從王佳胤至此　王佳胤，本書、懷宗實録以及明末清初有關史籍通作「王嘉胤」。

〔二〕户部主事王一桂　王一桂，明史稿傳一六八王肇坤傳、懷宗實録卷九崇禎九年七月己酉條、國榷卷九五頁五七四七都作「王桂」，下同。

〔三〕故城王九鼎　故城，原作「固城」，按明史卷四〇地理志、明一統志卷二，畿輔地區有「故城」，屬河間府，無「固城」，據改。真定府景州有「固城」，乃一古地名。

〔四〕予卿知陽信　陽信，原作「信陽」，據明史稿傳一六八邢國璽傳改。按本書卷四一地理志、明一統志卷二二，山東屬縣有陽信，無「信陽」。